# Éclats D'Espérance
*Les couleurs de l'humanité*

# Shards of Hope
*The Colors of Humanity*

### Editor

## Saliha Ragad
alias
## Khalice Jade

## The Engaged Poets

*Inner Child Press, ltd.*

# Credits

*Editor*

## Saliha Ragad
alias
## Khalice

## The Engaged Poets

*Les auteurs poètes participants du Groupe Facebook :*

"Les Compagnons du Calame engagé."

*The Artist*

## Michèle Déjean
Alias
## Lisette Dejean

# General Information

## Éclats D'Espérance

Shards of Hope
The Engaged Poets
Saliha Ragad

1st Edition: 2024

This Publishing is protected under the Copyright Law as a "Collection". All rights for all submissions are retained by the individual author and or artist. No part of this publishing may be reproduced, transferred in any manner without the prior **WRITTEN CONSENT** of the "Material Owner" or its representative, Inner Child Press International. Any such violation infringes upon the Creative and Intellectual Property of the Owner pursuant to International and Federal Copyright Law. Any queries pertaining to this "Collection" should be addressed to the Publisher of Record.

Publisher Information:
Inner Child Press International
www.innerchildpress.com

This Collection is protected under U.S. and International Copyright Laws.

Copyright © 2024: Saliha Ragad

ISBN-13: 978-1-961498-20-4 (inner child press, ltd.)

$ 24.95

*Disclaimer from the Editing Department*

In order to maintain the poets authentic voices and her original work, this publication has not undergone the full standard scrutiny of editing by Inner Child Press International. Please take time to indulge this collection for the authors own creativity and aspirations to convey the uniqueness of her written art.

hülya n. yılmaz, Ph.D.
Director of Editing Services

# Table of Contents

*Préface* ............... *ix*
*Foreword* ............... *xi*
*Remerciements* ............... *xiii*
*Expressions of Gratitude* ............... *xvii*
*Introduction* ............... *xxi*
*Prélude À L'anthologie* ............... *xxv*
*Anthology Prologue* ............... *xxvii*

## Algérie : Algeria — 3

- Adila Katia — 5
- Sad Aissani — 15
- Arezki Annaris — 19
- Ouarda Baziz Cherifi — 27
- Beghdad Mebkhout — 39
- Nadjoua Bensalem — 49
- Mohamed MS Bouita — 59
- Amédée Derdour — 67
- Nacer Guidoum — 73
- Rabah Habbiche — 83
- Ali Kherbache — 91

# Table of Contents ... *continued*

| | |
|---|---|
| Boualem Magouz | 101 |
| Ouahiba Mansous | 109 |
| Farah Mennadi | 119 |
| Saliha Ragad / Khalice Jade | 131 |
| Abdelghani Rahmani | 141 |
| Djamila Saada | 153 |
| Fayza Stambouli Acetani | 163 |

## Allemagne : Germany — 171

| | |
|---|---|
| Nadia Daoud | 173 |

## Belgique : Belgium — 183

| | |
|---|---|
| Marie-Cécile Bacquaert | 185 |
| Lou Mishel | 191 |

## Canada — 201

| | |
|---|---|
| Louise Hudon | 203 |

## Cameroun : Cameroon — 211

| | |
|---|---|
| Valentin Abougambi | 213 |

# Table of Contents... *continued*

## Congo — 221
    Prudence Kwete — 223

## France — 227
    Sandrine Brotons — 229
    Didier Caille — 239
    Francis Cordoliani — 247
    Correc Philippe — 263
    Lisette Dejean — 273
    Rémi Godet — 277
    Mustapha Jocelyn Leblanc — 287
    Martine Petit — 295
    Saïda Ragad — 299
    Christine Stièvenard-Demont — 303
    Pascale Mège-Monier — 315
    Axel Triolet — 323

## Liban : Lebanon — 329
    Hawana Mehri — 331

## Maroc : Morocco — 341
    Alaoui Mustafa Belrhiti — 343

# Table of Contents ... *continued*

| | |
|---|---|
| Assia Ben Otmane | 355 |
| Mouina El Achari Zayna | 365 |
| Fouzia El Mellah | 373 |
| Farid Mohamed | 383 |
| Idrissi Salima | 391 |
| Keltoum Mbirko | 399 |
| Hassanatène Saïfi | 411 |
| Zinèbe Ginama Saïfi | 421 |
| Zoubida Wadini | 431 |

## Tunisie : Tunisia — 443

| | |
|---|---|
| Zelha Kounoali | 445 |
| Houda Marzouki | 451 |
| Nefissa Wafa Marzouki | 455 |

## Epilogue — 459

| | |
|---|---|
| Conclusion | 461 |
| About the Editor | 467 |
| About the Artist | 471 |

# Préface

## Chers lecteurs, chères lectrices,

C'est avec une sincère reconnaissance que je vous accueille dans l'univers poétique d'ÉCLATS D'ESPÉRANCE, une anthologie qui dépasse les barrières du langage pour capturer l'essence profonde de l'âme humaine. En tant qu' initiatrice du Groupe Fb : LES COMPAGNONS DES CALAMES ENGAGÉS : "CDCE" et anthologiste de cette collection exceptionnelle, je suis comblée de partager avec vous ces fragments de vie, ces éclats d'émotions qui ont trouvé leur écho au fil de ces pages.

ÉCLATS D'ESPÉRANCE va au-delà d'une simple compilation de poèmes ; c'est un périple à travers les pensées, les rêves et les réalités de 52 poètes engagés venant de divers horizons. Chaque poème représente une éclatante expression d'amour, d'espoir, et de la quête universelle de compréhension.

Je vous convie à explorer, à ressentir et à célébrer la diversité de l'expérience humaine à travers ces pages. Que chaque poème soit une porte ouverte à la réflexion, à l'amour et à la fraternité.

Avec toute la poésie de mon cœur,


Saliha Ragad,
*also known as*
Khalice Jade.

# Foreword

## Dear Readers,

I extend my heartfelt gratitude as I welcome you to the poetic universe of 'SHARDS OF HOPE,' an anthology transcending language barriers to capture the profound essence of the human soul. As the founder of the Facebook Group 'THE COMPANIONS OF COMMITTED PENS: CDCE' and the anthologist of this exceptional collection, "I am delighted to share with you fragments of life and shards of emotions resonating within the pages of this anthology."

"SHARDS OF HOPE" goes beyond a mere compilation of poems; it is a journey through the thoughts, dreams, and realities of 50 committed poets from diverse backgrounds. Each poem represents a radiant expression of love, hope, and the universal quest for understanding.

I invite you to explore, feel, and celebrate the diversity of the human experience within these pages. May each poem be an open door to reflection, love, and fraternity."

With all the poetry of my heart,

Saliha Ragad,
*also known as*
Khalice Jade.

# Remerciements

J'adresse mes sincères remerciements à ceux qui ont joué un rôle déterminant dans la réalisation de l'anthologie "ÉCLATS D'ESPÉRANCE" :

En premier lieu à mon amie Louise Hudon, poétesse engagée pour le bien de l'humanité, et pour l'appréciation que j'ai pour ses conseils et recommandations, qui sont infinis.

À Monsieur Bill aka William S. Peters, Sr. pour ses explications inestimables et son professionnalisme inégalable, de même qu'à Monsieur Riyadh Belaid pour avoir eu la gentillesse de répondre présent dans le cadre de la noble cause.pour la relecture et la correction de la traduction en anglais faite par Khalice Jade par DeepL (service de traduction automatique)

À Lou Mishel, ma Loulove, à qui j'exprime ma gratitude pour son précieux soutien tout au long du processus de publication. Son engagement a été un honneur. Merci pour avoir investi son temps précieux, malgré ses études et autres engagements.

Je tiens à réserver une mention spéciale à mon amie poétesse et artiste peintre, Lisette Dejean, qui a généreusement offert sa magnifique toile pour la couverture du livre. Cette contribution a donné à l'anthologie une fusion harmonieuse entre les mots et les images, créant ainsi une expérience immersive pour les lecteurs.

À tous les poètes engagés, dont la participation a non seulement enrichi ce recueil, mais leur soutien moral a également été une source lumineuse durant les défis rencontrés lors de la conception de ce collectif poétique.
Je souhaite exprimer ma reconnaissance aux deux comités anonymes pour leur dévouement bénévole.

À mes deux amis, Pascale Mège-Monier, Philippe Correc, Hassanatène Saïfi, votre engagement en tant que correcteur des poèmes a grandement contribué à l'excellence de chaque vers et m'a apporté un véritable soulagement, particulièrement en période intense de travail et de problèmes de santé.

À Monsieur William S de (INNER CHILD PRESS) mes sincères excuses pour l'avoir trop embêtée lors des retouches en anglais, ainsi qu' aux coordinateurs et aux contributeurs je vous adresse un grand merci pour votre aide et votre rôle essentiel dans la concrétisation de ce projet poétique. Votre engagement et votre collaboration ont été d'une importance cruciale.

À vous tous je vous adresse ma profonde reconnaissance. Cette anthologie est le fruit de notre collaboration, et chaque éclat de poésie témoigne de votre générosité et de votre passion partagée. Merci du fond du cœur.

Saliha Ragad,
*also known as*
Khalice Jade.

# Expressions of Gratitude

I extend my sincere thanks to those who played a crucial role in the realization of the anthology "SHARDS OF HOPE":

Firstly, to my friend Louise Hudon, a dedicated poet for the well-being of humanity, for her endless advice and recommendations.
To Bill aka Mr. William S. Peters, Sr. for his invaluable explanations and unparalleled professionalism, and to Mr. Riyadh Belaid for kindly being present in the noble cause of reviewing and correcting the English translation done by Khalice Jade using DeepL (a machine translation service).

To Lou Mishel, my Loulove, to whom I express my gratitude for her precious support throughout the publication process. Her commitment has been an honor. Thank you for investing your valuable time Despite your studies and other commitments.

I want to reserve a special mention for my friend, poet, and artist Lisette Dejean, who generously provided her beautiful artwork for the book cover. This contribution gave the anthology a harmonious fusion of words and images, creating an immersive experience for readers.

"To all the engaged poets whose participation not only enriched this collection but also provided moral support during the challenges faced in this kind of creation of this poetic collective, I wish to express my gratitude. Additionally, I extend my appreciation to the two anonymous committees for their voluntary dedication."

To my two friends, Pascale Mège-Monier, Philippe Correc, and Hassanatène Saïfi, your commitment as poem correctors significantly contributed to the excellence of each verse that could bring me genuine relief, especially during intense work periods and health issues. To Mr. William S of INNER CHILD PRESS, my sincere apologies for bothering you too much during the English revisions. To the coordinators and contributors, "I extend a sincere. Thank you for your invaluable help and essential role in realizing this poetic project. Your commitment and collaboration have been crucial."

To all of you, I express my deep appreciation. "This anthology is the product of our collaboration, and each shard of poetry attests to your generosity and shared passion. Thank you from the bottom of my heart."

Saliha Ragad,
*also known as*
Khalice Jade.

# Introduction

Au seuil de cette anthologie, nous nous embarquons pour un voyage littéraire au cœur des pensées engagées, un périple guidé par des plumes dédiées à la défense de valeurs universelles. Les thèmes qui tissent cette toile narrative sont autant de fils conducteurs reliant les esprits sensibles, porteurs d'un message vibrant d'espoir, de paix, et d'amour.

Tel un prélude mélodique, cette introduction éveille les sens, invitant chacun à pénétrer les profondeurs de réflexions illuminées par la solidarité, la compassion, et la connaissance. Nous entrons ainsi dans un univers où l'écriture devient le reflet de la vie, où la sagesse éclaire le chemin de l'âme assoiffée de sens.

Que cette introduction soit la porte ouverte sur un recueil où les mots transcendent les barrières, où chaque page est une invitation à la découverte, à la réflexion, et à la célébration des valeurs qui unissent l'humanité. Bienvenue dans cet espace où la littérature se fait le miroir des aspirations les plus nobles de l'esprit humain.

Saliha Ragad,
*also known as*
Khalice Jade.

# Introduction

As we stand at the threshold of this anthology, we embark on a literary journey into the realm of committed thoughts, a voyage guided by pens dedicated to the defense of universal values. The themes weaving this narrative tapestry are threads connecting sensitive minds. These minds bear a vibrant message of hope, peace, and love.

Like a melodic overture, this introduction awakens the senses, inviting every reader to delve into the depths of reflections illuminated by solidarity, compassion, and knowledge. In this universe, writing becomes the reflection of life, and wisdom lights the path of the soul thirsty for meaning.

"May this introduction be the gateway to a collection where words transcend barriers."
 "Every page extends an invitation to discover, reflect, and celebrate the values that unite humanity. Welcome to this space where literature reflects the noblest aspirations of the human spirit.".

Saliha Ragad,
*also known as*
Khalice Jade.

# Prélude À L'anthologie

En ces pages, nous plongeons dans l'œuvre des esprits engagés, des auteurs dont les mots résonnent avec la puissance de l'idéal. Ils tissent une toile littéraire imprégnée de thèmes essentiels, tels que la paix, l'amour, l'amitié, la solidarité et bien d'autres. Leur plume devient le phare éclairant l'obscurité, prônant la sagesse, l'espoir, la tolérance et la compréhension profonde de la vie.

Au fil des lignes, nous explorons des univers où la compassion, la connaissance, l'éducation et l'apprentissage deviennent des guides éclairant le chemin de l'âme. Le courage et la volonté se mêlent dans ces récits, inspirant l'empathie, le partage et l'écoute attentive.

Dans chaque réflexion, une lueur d'espoir brille, portée par la force de l'optimisme et de la persévérance. Ces écrits révèlent une vision humaniste, où la gentillesse devient un acte révolutionnaire et l'union des cœurs forge une force inébranlable.

Bienvenue dans cette anthologie, un recueil où les mots deviennent des artisans de paix, des ambassadeurs de l'âme et des guides éclairant le chemin vers une existence empreinte de sagesse et d'amour.

Saliha Ragad,
*also known as*
Khalice Jade.

# Anthology Prologue

Within these pages, we explore the works of dedicated minds—authors whose words resonate with the power of ideals. They weave a literary tapestry infused with essential themes such as peace, love, friendship, solidarity, and more. Their pens become beacons illuminating the darkness, advocating wisdom, hope, tolerance, and a profound understanding of life.

Through the lines, we delve into worlds where compassion, knowledge, education, and learning become guides, lighting the soul path. Courage intertwines in these narratives, inspiring empathy, fostering sharing, and encouraging attentive listening.

In every reflection, a glimmer of hope shines, carried by the strength of optimism and perseverance. These writings reveal a humanistic vision where kindness becomes a revolutionary act, and the union of hearts forges an unshakable force.

Welcome to this anthology — a collection where words transform into artisans of peace, ambassadors of the soul, and guides illuminating the path toward an existence imbued with wisdom and love.

Saliha Ragad,
*also known as*
Khalice Jade.

# Citation

**Dans la recherche de la sagesse et de la vérité, nous découvrons les fondations d'un monde empreint de bienveillance.**

*~ Socrates*

**Il est à noter que cette citation est une adaptation inspirée par les idées de Socrate plutôt qu'une citation directe de ses écrits.**

*~ Saliha Ragad / KhaliceJade*
.

## quotation

**In the pursuit of wisdom and truth, we uncover the foundations of a world imbued with kindness.**

*~ Socrates*

**It is worth noting that this quote is an adaptation inspired by the ideas of Socrates rather than a direct quote from his writings.**

*~ Saliha Ragad / KhaliceJade*

# Éclats D'Espérance
*Les couleurs de l'humanité*


# Shards of Hope
*The Colors of Humanity*

Shards of Hope ~ *The Colors of Humanity*

Éclats D'Espérance ~ *Les couleurs de l'humanité*

# Algérie

# Algeria

# Shards of Hope ~ *The Colors of Humanity*

Éclats D'Espérance ~ *Les couleurs de l'humanité*

# Adila
# Katia

Shards of Hope ~ *The Colors of Humanity*

## Mots Pour Maux

Aucune cicatrice apparente, apparent est son sourire malgré sa souffrance. Souffrance de l'humiliation, des coups, de la douleur. La douleur d'une blessure intérieure, intérieur où l'âme porte des marques sombres, sombres comme les nuits infinies.

Infini est le désespoir de ces femmes, femmes qui s'étouffent avec les mots, les mots qu'elles taisent et gardent enfouis, enfouis dans le cœur devenu asséché, asséchés les yeux qui n'ont plus de larmes à verser. Verser l'amertume dans une prière, prière silencieuse pour que cela s'arrête un jour.

Un jour où l'espoir fera fleurir des sourires, sourires face à une nouvelle vie. Vie où le respect et l'amour se passeront de mots, mots qui se liront dans les yeux de ces femmes, femmes qui rient aux éclats. Éclats de lumière, en elles, elles portent la vie, la vie se meurt sans elles, elles, vos mères, vos sœurs, vos filles, vos amies.

## Ma Compagne

Aux bonheurs d'autrui, Mon rêve est suspendu, De jour comme de nuit, C'est mon lot, c'est mon dû. L'impuissance me torture, Ses mots qui se cachent, me fuient, Seule, ma muse demeure invisible, Et se joue de moi, Ni eux ni elle, je ne peux les saisir. La liberté d'être me brûle les nuits, La feuille blanche me fait de l'œil, L'esprit noyé dans mon insomnie, Telle la bougie doucement consume.

Mes heures entre ténèbres et brumes, Mes sens en éveil, Attente patiente à l'infini, À ces ténèbres et au silence, je me refuse. Muse perdue, Pourtant, les brouillons du passé m'encombrent, Point de mots, point de dessins, Restent des cendres. À quel feu ont-ils été brûlés ? Qui est l'auteur de ce carnage ? Ma douce folie ? Conscience, pourquoi me tortures-tu ?

Ma plume voudrait libérer ses pensées, Que ses mots, heureux de se retrouver, S'alignent l'un près de l'autre, Amoureux et en paix. Aujourd'hui encore, ma muse est absente, La lueur de la bougie, compagne, témoigne, Jouant d'ombres sur mes papiers.

Ô esprit ! Dis-leur à mes soirs, Je ne peux donner ce que j'ai, Fais-leur savoir Que je n'ai point de paix.

À mon grand désespoir, Ma muse se fait désirer, Je voudrais tant qu'elle me rejoigne, Et qu'à nous deux, Dans le silence de la nuit, Nous puissions vous toucher, Vous charmer avec des mots Doux et beaux à donner des frissons.

## La Muse Tue

Être en souffrance,
Corps en morceaux,
Le regard à travers la tombe
S'accroche aux étoiles,
L'enfer en soi,
La peur,
La douleur,
Le passé revisité,
Vestige du passé,
Révolu,
Et non voulu, Impossible à modifier,
Ne plus penser,
Ne plus voir. Blessures apparentes,
Plaies mal fermées,
Sans remède,
Ramasser des morceaux de vie,
Les mettre en quatrain,
Lorsque l'être n'est plus rien,
Mémoire défaillante,
Âme perdue errante,
Dans le cimetière,
Suis-je vivante,
Entière ou sous terre?
Ces bruits… Est-ce le retour à la vie?
Et ces cris... Est-ce le droit à la vie?
Et ces silences… Disparaître,
Être ou ne plus être?
Ce n'est pas la question… Elle ne se pose plus.
Elle n'est plus ce qu'elle était mais
 Devenue une autre,
Une inconnue...

# Revivre

Si on m'avait dit qu'un matin,
Je me serais réveillée parmi les fleurs et leurs parfums,
Je me serais levée aux premiers rayons du soleil,
Et aurais vu éclore toutes ces merveilles.

Admirer la beauté de la rosée
Sur les pétales, tout en couleurs, dansant, Avant de pouvoir les respirer, m'étourdissant Avec mes envies, mes beaux souvenirs.

Je laisserais baigner mon cœur
Dans l'immensité du bonheur,
Peint à la beauté du printemps,
Et m'enivrer de passion
Au rythme des saisons où il n'y a pas de place à la raison.

La passion qui revient sans prévenir
Réveille en moi tout ce que je n'ai pu écrire, Je te promets de veiller ce soir,
D'attendre la prochaine aube pleine d'espoir.

Peut-être te voir ou juste te sentir,
Mon souhait, mon fou désir, Prendre soin de ton beau jardin
Sous ton regard calme et serein.

Apprécier enfin le bonheur que tu sèmes en moi,
C'est pour cette raison que je t'aime Sous la nouvelle beauté du jour,
À œuvrer pour la paix et l'amour.

## La Paix En Rêve

Les paupières closes, songer à la quiétude souriante,
Oublier les horreurs, cette amputation de l'innocence,
Larmes maternelles, une symphonie déchirante,
Des vies éparpillées, mille âmes en errance.

Mères pleurant, leurs lamentations m'assaillent,
Au-dessus des obus, s'envolent des destins,
Les décombres abritant des blessés muets et d'autres sans entrailles.

Prière sous les décombres, où l'espoir décline.
Espoir mince, des silhouettes sous les ruines,
Survivants pliant sous le poids de l'agonie,
Enfants affamés, des pleurs et des cris.

La médication absente, l'ombre de l'attente.
Dans les ténèbres, lueur absente, Appels perdus dans le grondement des tanks,
Les appels à la paix manquent

Mon vœu, la sérénité pour chaque terre,
Plus jamais de guerre ,
Où la vie s'épanouit, un paradis vert,
De la joie du bonheur sans misère.

Que les enfants dansent, rient, insouciants,
Vers l'éducation, main dans la main, prendre le chemin menant.
Fraternité sous un ciel clément,
Libres et sans peur dans un pays indépendant.

La haine abolie, fin des hostilités,
Dans le désir amer, résonne ma voix fragile,
Des mots impuissants, mais la flamme d'une quête ardente rêvée.
Pour un monde en paix, ma vision immobile.

## Peace In A Dream

With closed eyelids, pondering on serene tranquility,
Forget the horrors, the severing of innocence,
Maternal tears, a heartbreaking symphony of mothers' sorrow,

Scattered lives, a thousand souls in wandering.
Mothers weeping, their laments assail me,
Above the shells, destinies take flight,
Debris harboring the mute wounded and others laid bare.

Prayers beneath the rubble, where hope declines.
Faint hope silhouettes beneath the ruins,
Survivors bending under the weight of agony,
Hungry children, cries and tears.
Medication is absent, the shadow of waiting.
In the darkness, absent glimmer, calls lost in the tank's rumble,

Calls for peace are missing.
My wish, is serenity for every land,
Never again war,

Where life flourishes, a green paradise,
The joy of happiness without misery.
May children dance, laugh, carefree,
Towards education, hand in hand,/Taking the path.
Fraternity under a benevolent sky,
Free and fearless in an independent country.

Hatred abolished, end of hostilities,
In bitter desire, my fragile voice resonates,
Impotent words, but the flame of a cherished quest.
For a world at peace, my vision is unwavering.

Éclats D'Espérance ~ *Les couleurs de l'humanité*

# Sad Aissani

Shards of Hope ~ *The Colors of Humanity*

## Mutisme

Pourquoi ce silence
Sans indulgence ?
Oh ! Mon cœur
Est-ce un langage
Est-ce une humeur
Dicté par des adages,
Ou juste par pudeur ?
Ton mutisme m'enrage.
Chaque minute et heure
Intensifie son ancrage.
Tel un bloc de beurre
Coupé par le sillage
À la lame d'aiguisage
Cédant à son traiteur.
Quand vient le soir,
Restent mes déboires
Sombres et obscurs.
Ma solitude devient trop dure.
Mes visions peignent des couleurs.
L'écho de ta voix, nimbée de douceur,
Un cri de douleur résonne dans mon cœur.
Je m'accroche, embellis mes décors,
Dessinant dans ma tête ton corps,
T'imaginant dans mes bras, m'endors,
Espérant te garder jusqu'aux aurores.

## La Paix

Si tu penses que l'amour est plus fort que la haine
Si tu refuses toute injustice
Si tu te ranges du côté des opprimés
Si tu crois que l'empathie n'est pas morte
Si tu crois que le dialogue est l'arme de la persuasion
Si tu trouves que la non-violence incite à la paix
Alors l'humanité se rendra à l'évidence.
C'est en faisant appel aux valeurs humaines.
Que la paix pourrait régner dans le monde

~ * ~

## Peace

If you believe love is mightier than hate,
If you reject all injustice's weight,
If you stand with the oppressed in their strife,
If you believe empathy can reignite life,
If dialogue, not force, is persuasion's art,
If non-violence nurtures a peaceful heart,
Then, humanity, in time, will see,
By embracing human values, true peace shall be.

# Arezki Annaris

Shards of Hope ~ *The Colors of Humanity*

# L'iniquité

Oui, comme la brute qui s'exprime avec violence et brutalité.
La puissance peut-elle épouser l'humanité ?
Oui, quand la science interdit le mal à la technicité.
Peut-on semer la connaissance par la solidarité ?
Oui, en laissant l'ignorance à l'animalité.
C'est à toi l'occident,
Amérique, à ta tête,
Que s'adressent ces questions,
Dont les réponses, dans le doute, végètent.
Pourquoi ne placez vous pas, comme présidents,
Des philosophes, des artistes et des poètes ?
Qui, sans salir leurs mains de sang,
Feront marcher notre généreuse planète ?
Une terre riche en gisements,
Que seule la minorité exploite.
Le grand point d'interrogation :
" Pourquoi sur le malheur des uns, d'autres assoient leurs fêtes ?"
Les droits de l'homme ; " titre de vos chansons.",
Dans quelle case de la définition, vous les faites ?
Dans celle : " égaux, nous naissons."
Ou : " après ma satiété, mange les miettes." ?
Sont-ils responsables et conscients,
ceux qui accouchent des avis le matin et, le soir, ils les rejettent ?
Pour ceux qui violent leurs propres serments,
Ne sont-elles pas doubles de leurs dettes ?
Envers leurs principes qu'efface la trahison
Et envers ceux, à qui, des paradis ils promettent.

Et vous, le reste, la majorité dont je fais partie,
Pourquoi ne conjuguons-nous pas nos petits efforts ?
Ainsi, importants que nous sommes, en quantité,
Devant les injustes nous serons, positivement, plus forts.
De notre synergie, naîtra une qualité
Qui convertira en raison tous les torts.
Et de nous ne sortiront que les idées
Qui embelliront la vie, et, au destin, elles confieront la mort.
Les grandes lignes, à celui qui nous a créés
Mais, nous sommes aussi responsables de notre commun sort.
Malheur à celui qui ne ressent
Ce que disent ses chansons.
Qui accouche d'une opinion à l'occident
Et qui la renie quand il est à l'orient.
Nous rejetons celui qui blesse des enfants,
Qu'ils soient athées, chrétiens, juifs ou musulmans…
A part Dieu, nul n'a le droit de faire des jugements
Quand la liberté est dans la limite de l'entendement.
L'esclavage est banni, il y a longtemps.
L'intelligence est partagée entre les jaunes, les noirs, les blancs…
N'est-il-pas venu le temps
De rêver en marchant ?
Oui, ensemble espérons,
Unissons et agissons,
Prenons au mot ce "mythique « président
Qui a promis de bonnes projections,
Mettons nos neurones en action,
Vers le bon sens et la bonne direction.

## Éclats D'Espérance ~ *Les couleurs de l'humanité*

Entretenons le respect entre les religions,
Par la paix, bâtissons notre union,
Trouvons d'autres sources que l'armement,
Qui enrichit les coupables et tue les innocents,
Mais qui salit les costumes blancs
Et honore les martyrs et les résistants.
Arrêtons à la haine ses divisions,
Ensemble, réfléchissons, créons et partageons.
De l'amour, dans les cœurs, semons,
Les guerres dans les esprits, chassons,
Des cultures face à la violence, brandissons.
Laissons à Dieu les grandes décisions,
Seul lui, connaît nos profondes intentions.

# Pourquoi ventre, voisin du cœur,

Où la vie débute et continue,
Ne ressens-tu pas les douleurs
Quand la faim tord les dépourvus ?
... 1) Des ventres réclament d'infimes pitances,
D'autres débordent de quantités et de qualités.
Des corps meurent de faim et de carences
D'autres souffrent d'abondance et d'obésité.
Où est le sens de la balance
Qui nous distinguent de l'animalité ?
2) Quand l'envie n'obéit qu'à la vision
Et la consommation de la raison se rebelle,
Des ménages auront trop de provisions
D'autres n'auront rien dans l'escarcelle.
Certains se contentent du bouillon
D'autres jettent les excès dans les poubelles.
3) Si chacun, en se mettant à table,
Pense d'abord aux démunis,
Notre consommation sera raisonnable
Les pauvres auront moins d'ennuis,
La vie sera plus aisée et agréable
Et, par l'amour, l'humanité sera unie.

# Le Pardon

Cœur de la générosité,
Ame de l'intelligence,
Sans toi, l'humanité,
Ne contiendra que l'arrogance.

Beauté des cœurs,
Tranquillité des âmes,
Tu es porteur de chaleur,
Et extincteur des grandes flammes.

Recommandé par les religions,
Approuvé par la science,
Ton absence signifie division
Et la paix règne sous ta présence.

Eponge de tous les torts
Qu'on commet chaque jour ;
Tu demeures le plus fort
Pour effacer la haine par l'amour.

Là où tu refuses domicile,
Le péché dépasse ta contenance,
Tu sais qu'il est si vil
Qu'il peut devenir une accoutumance.

Il y a aussi des cœurs étroits
Et des âmes si maculées
Qu'ils te refusent leur toit
Pour rester, toujours, voilés.

## La Paix

Si large le chemin menant vers ta demeure spacieuse,
Dont la porte est complexe et trop étroite,
Les hommes s'y dirigent en foule nombreuse,
Ne pouvant y pénétrer se bousculent et se battent.

Ils créent des conflits hostiles à toi,
Pour, pensent-ils, franchir le seuil,
Obstacle les séparant de ton toit
Et te trouvent enveloppée dans le deuil.

Le deuil dont on tire le silence comme avantage,
Donne son temps à la raison et à la réflexion,
Elle travaille et transforme l'insensée rage
En toi, paix, temporairement, après décantation.

## Peace

So vast the path leading to your spacious abode,
Whose door is intricate and challenging to traverse,
People flock towards it in great multitude,
Jostling and fighting, unable to enter.
They create hostile conflicts against you,
Thinking that by doing so, they'll cross the threshold,
An obstacle separating them from your roof,
Only to find you shrouded in mourning.
Mourning from which silence is drawn as an advantage,
Giving time to reason and reflection,
It works, transforming the senseless rage,
Temporarily, it turns into the calm after clarification.

# Ouarda Baziz Cherifi

Shards of Hope ~ *The Colors of Humanity*

## Je Suis Née Pour T'aimer

*Thème : Amour / Hommage / Patrie*

Ce soir, je me prépare pour demain matin car Demain matin j'oublierai mon deuil, ma Maladie, mes ennemis, mes colères et
Mes rendez-vous.
Demain matin comme chaque année à cette date, je serai plus algérienne que jamais, plus belle pour venir t'aimer et mon amour je Viendrai te le déclamer.
Demain matin ou dans quelques heures,
Je viendrai t'embrasser, te caresser, te dire Mes pensées et je viendrai t'offrir comme je L'ai toujours fait, mon amour insensé.
C'est si beau de t'aimer d'un amour qui,
Vers la joie vient me propulser.
Demain ou dans quelques instants,
Je deviendrai soldat pour te porter sur mes Épaules même fragiles, sur mon dos même voûté, dans ma main, dans mon cœur, dans mon regard en exhibant fièrement mon arme : Mon algérianité.
Algérie, je suis née pour t'aimer.
Et, je mourrai après t'avoir aimée.
Tellement aimée.
Rouge d'ardeur.
Blanc de pureté.
Vert d'espoir.
Pour toi, mon esprit portera tes couleurs et sur la piste de ton bonheur, il ira danser

## Et Puis, Un Jour Le Glas Sonne
*Thème : Reliance Spirituelle /Foi / Relations Humaines*

Que reste-t-il de nos labeurs, après des décennies de besognes ?
Des mains froissées, des rides traçantes, des genoux paresseux mais louange à dieu il y a nos petits sous de retraite et on ne doit rien à personne.
Que reste-t-il de nos exploits, de nos atouts, de nos couronnes ?
Des images qui se faufilent dans nos refuges, des souvenirs rangés dans nos armoires, des paroles ancrées en nous mais louanges à Dieu notre conscience maintient son trône.
Que reste-t-il de ceux qui nous ont aimés, vraiment aimés même si nos chemins se sont séparés, plus de lettres d'amour, plus de téléphone qui sonne ?
Le souvenir heureux d'avoir été un jour aimé et une nostalgie qui en nous, ronronne.
Que reste-t-il de ceux que nous avons aimés, aidés en les sauvant du vide et de l'aumône ?
Une trahison amère, une amertume affligeante qui nous rappellent que ce ne furent que de mauvaises personnes.
Que reste-t-il de nos gourous, de ceux qui nous ont meurtris avec leur mépris qui grogne ?
On a beau être tolérants mais il y a des erreurs que nul ne pardonne.
Peut-on pardonner, oublier des rivières de larmes et de plaies ouvertes qui nous cautionnent ?

Y a-t-il encore dans ce bas monde, dans cette jungle en furie, des humains que la bonté passionne ? Quant à moi, mes échecs, mes défaites m'emprisonnent mais Dieu est là et à lui je me cramponne.

## Surtout Rêvez !

Si chacun d'entre nous avait la vie dont il rêvait, il n'y aurait jamais de rêves.
Les rêves nous permettent de croire que derrière les larmes de tristesse il y a les larmes de joie, qu'après la pluie naissent les arcs-en-ciel, que de toutes les trahisons il y a des leçons de vie qui forgent, que les étoiles dorment le jour pour danser le soir, que dans un ciel tout noir il y a toujours un coin de ciel bleu, que si le meilleur habite chez les autres, il y a toujours un pire, pire que nos douleurs.
Les rêves sont si beaux même quand ils tardent à se concrétiser voire quand ils ne peuvent se réaliser.
Il faut savoir trouver le temps même quand on n'a pas le temps pour apprécier toutes ces choses bienheureuses que nos yeux furibonds oublient de regarder.
Nos pieds qui marchent, nos bras qui travaillent, nos méninges qui pensent, nos enfants, nos toits, nos consciences, nos labeurs , nos passions et...et.....
Ne nous arrêtons pas aux futilités, aux manques, aux méchancetés, aux déceptions.
Allons de l'avant et mettons nos échecs et nos défaites derrière.
Marchons avec dignité, accompagnés de nos rêves et rêvons à volonté.
Les rêves c'est gratuit.
Et, c'est tellement utile pour nous inventer un monde meilleur.

## Les Rives Extrêmes,

Il y a ceux qui partent et ceux qui viennent,
Ceux dont la vie est belle et ceux dont elle est Vaine,
Ceux qui épatent et ceux qui règnent.

Ceux qu'on heurte et qu'on malmène.
Ceux qui sont bénis et ceux qui gangrènent.
Ceux qui sèment la paix et ceux qui sèment les mauvaises graines.

Ceux qui ont faim et ceux qui, dans le confort
Baignent.
Il y a ceux qui donnent l'amour et ceux qui
Confectionnent de la peine.

Ceux qui rient en dépit de leurs peines,
Ceux qui versent des larmes malsaines.
Ceux qui tissent des mensonges comme on Tisse de la haine.

Ceux qui ont le ventre creux Malgré leurs Bedaines pleines.
Ceux qui s'habillent
d'allures hautaines,
En se prenant pour des rois et des reines.

Il y a ceux qui donnent et parrainent
Et ceux qui instaurent leur Éden.
Ceux qui oublient que la vie freine
Et ceux qui s'en souviennent.

Il y a ceux qui, malgré leur fortune, peinent
A garder des âmes humaines

Et ceux qui mènent
Une vie pauvre mais sereine.

Il y a ceux qui, comme moi la Bohémienne,
Avancent, le désarroi dans les veines
Car, au fond d'eux, ils comprennent
Que le glas sonnera, quoi qu'il advienne.

Il y a eux qui me prennent pour une vilaine.
Qui met leur pouvoir en berne.
Ils attendent que se vident mes citernes,
Moi qui nage dans ma mer, comme une sirène.

Une sirène ou une baleine
Qui ne craint pas ceux qui dégainent
Leurs désamours qui s'enchaînent,
Sans répit et sans gêne.

Et puis, il y a ceux et celles
Qui ont des vertus si belles.
Tel un chêne robuste, ils résistent à la grêle,
Au vent et aux pluies diluviennes.

## Dignité, Compagnon Du Combat
*Thème : Combat / Espoir / Patience*

Quand un matin, on se lève pour suivre un rythme routinier et que la vie nous surprend par un imprévu indélicat, on s'arrête surpris mais convaincu que cette vie mérite le détour et on se ramasse stoïquement, humblement, courageusement pour avancer.
Jusqu'au bout, la vie mérite les meilleurs engagements, les plus gros défis, les plus difficiles combats car c'est cette même vie qui nous a donné un nom, un toit, une progéniture.
La mienne m'a arraché des larmes de tristesse mais des larmes de joie également.
Elle m'a offert des pieds et des chaussures, des bras et un labeur, un esprit et une âme pure.
Elle m'a entendue crier mais aussi chanter, souffrir accrochée à ma gaieté, donner munie de ma bonté.
Elle m'a permis de croiser des ennemis mais aussi des amis, de distinguer le mal du pire, le bien du meilleur, le vrai du faux sans m'arrêter aux démentis et sur les chemins maudits.
On m'a aimée un jour, un an, momentanément mais on m'a aimée quand même.
J'ai aimé, avec mes tripes, mes déchirures, mes plaies et je suis apaisée à chaque fois
que j'aime.
Je n'ai pas suivi la route que je me prédestinais. Peut-être lui ai-je trop demandé ou peut-être ai-je raté les clefs de toutes les portes fermées.
Mais, j'ai suivi la route pleine d'embûches
qu'elle m'avait imposé.

Ces embûches m'ont forgée , jamais brisée.
J'ai été patiente, docile, droite et jamais je n'ai méprisé quiconque.
La vie m'a offert des trésors plus valeureux que les plus grandes richesses.
Je suis riche de mon amour, de ma foi, de ma sagesse et de mes filles même si mes principes m'ont appauvrie et affaiblie.
Des principes tellement forts, tellement singuliers que l'idée de les partager avec autrui est restée une situation vaine.
Je suis née pour aimer et semer la tendresse.
Aujourd'hui, je suis sur un champ de bataille. Une autre encore. La bataille de trop !
Je défriche, je marche, j'arrose chaque coin de ma sueur.
Mes mains sont usées mais elles ont toujours été vertes.
Vertes comme l'herbe du printemps que je saurai attendre patiemment comme un bon vieux jardinier qui pleure nostalgiquement devant ses rosiers tombés sous une canicule atroce.
La vie me l'a dit : les printemps renaissent en dépit des canicules.
Alors, moi je m'accroche, éblouie, passionnée et sereine.
L'espoir est roi et la patience est reine...
Je suis sage et la vie m'a toujours connue ainsi. Je prends ce qu'elle m'offre en bien et en mal.
Le combat, toujours le combat jusqu'à épuisement de mon visa dans ce monde qui court.

*Éclats D'Espérance ~ Les couleurs de l'humanité*

# Dignity, Companion Of The Struggle
*Theme: Struggle / Hope / Patience*

When the morning comes, we rise to follow a routine rhythm, and life surprises us with an unkind twist. We pause, surprised but convinced that this life is worth the detour, and we pick ourselves up stoically, humbly, and bravely to move forward. Until the end, life deserves the best commitments, the greatest challenges, and the toughest battles because it's this same life. That has given us a name, a roof, and offspring. Mine has brought tears of sadness but also tears of joy. It has given me feet and shoes, arms and labor, a mind, and a pure soul. It has heard me scream but also sing, suffer clinging to my cheerfulness, give equipped with my goodness. It has allowed me to encounter enemies but also friends. To distinguish evil from worse, good from better, and the right from the wrong without stopping at denials and on cursed paths. I was loved for a day, a year, temporarily, but i was loved, nonetheless. I have loved, with my guts, my tears, and my wounds, and I am at peace every time I love. I didn't follow the road I had destined for myself. Perhaps I asked too much of it or perhaps, i missed the keys to all the closed doors. But, I followed the path full of obstacles that it imposed on me. These obstacles have shaped me, never broken me. I have been patient, obedient, and upright, and i have never despised anyone. Life has offered me treasures more valuable than the riches. I am rich with love, faith, wisdom, and my daughters, even though my principles have sometimes left me impoverished and weakened. Principles so strong and unique that the idea of sharing them with others remained futile situation. I was born to love and show tenderness. Today, I am on a battlefield. Another one. The battle of too much! I clear, walk, and water every corner with my sweat. My hands are worn, but they have always been green. Green like the grass of spring that i will patiently await like an old gardener who nostalgically weeps before his roses fall under a dreadful heatwave. Life told me: that springs are reborn despite heat waves. So, I cling, dazzled, passionate, and serene. Hope is king, and patience is queen. I am wise, and life has always known me in this way. I take what it offers me, in good and in bad. The struggle, always the struggle, until the exhaustion of my visa in this world that rushes.

# Mebkhout Beghdad

Shards of Hope ~ *The Colors of Humanity*

## Chant De Paix Et Bruit Des Armes
*Thème : Recherche de : Quête de Paix, Sérénité*

À oublier le chant des oiseaux
Nous avons créé le bruit des armes
Le premier nous aide à bien être
Le second veut que point on ne soit

Donnez-nous des chants de lumière
Nous cultiverons la joie en maître
L'arc-en-ciel vivrait dans nos chaumières
De la paix nous tisserons notre foi

Ô insensés toutes vos armes guerrières
Ne peuvent nourrir la faim de l'être
Ou faire fleurir une image printanière
Les ombres seules répondent à votre voix

Tuer étouffe nos espoirs et nos prières
Pour que la mère terre belle soit
Votre pluie de feu est meurtrière
L'humain et la bête lui servent de bois

Cessez pour que cessent nos pleurs
Et que la paix unisse les coeurs des hommes
Pour que demain seul le bonheur
Devrait être le pain du gueux et du roi

Alors écoutons l'oiseau dans son chant
La nuit dans son doux soupir
La sérénité du lever et du couchant
La vie dans sa sève quand on y croit

# La Colonne De L'espoir
*Thème : Espoir et Foi*

Toute prière est un espoir
Qui se veut
Un amen éclairant le noir
Si peu et de peu
Recommencer à voir
Le soleil dans l'isoloir
Où germe le feu
D'une vie à boire
Relire ses lieux
Le jour et le soir
La nuit ne peut
Qu'être étoilée d'espoir
Il suffit de croire
Une pour deux
A la magie des cieux
Et l'élan de ses vœux.

## La Générosité
*Thèmes : Générosité, amour, fraternité, aide*

Au gré des flots du bien,
Les âmes chantent l'harmonie,
Du printemps des coeurs saints,
Qui fleurit la terre des démunis.

En résonance ; les ondes de l'amour,
S'amplifient en appel des consciences,
Qui invitent les oubliés des jours,
  au festin au partage de l'aisance.

Mains chaudes, généreusement offertes,
Aux manchots de la cruelle misère,
Leur fraternelle aide ouverte,
  leur fait retrouver le bonheur qui serre.

Une bonne parole peut redresser,
Une âme déjà boiteuse qui trébuche,
Sur les accrocs de la rudesse,
De l'hiver à l'âtre sans bûches.

Donner est le sang de la générosité,
Dont le constant cours déverse,
L'amour d'un océan illimité,
Brisant toute retenue à la renverse.

Faire du don un geste beau,
A la délicatesse qui ne souffre,
De blesser le cœur par le cadeau,
Et l'âme qui se débat dans le gouffre.

Nous sommes pareils et égaux,
Devant le froid, la soif et la faim,
Cette douleur s'exprime en eau,
Qui sur nos joues trouve le chemin.

# Vie !

Vie !
Tu as mis dans nos regards
Lune soleil étoiles et l'infini des cieux
Inscrivant dans nos consciences avec égard
La mesure de toute chose en ses lieux
Le beau le laid l'aigre le doux et je m'égare
A suivre mes émois de l'instant et de mes vœux

Vie !
Tes couleurs froides tièdes et chaudes
Vêtent ma sérénité mes joies et mes peines
Mon être dans ses jours reflète et brode
Tes rayons de lumière dans une harmonie pleine
Où l'amour naît et se fait merveilleuse ode
Qui résonne à travers toutes mes veines

Vie !
Tes saisons te donnent et te retirent
Dans le vert des feuilles qui dans le sec tombent
Pour refleurir dans l'infini de leurs dires
Tant que cette dualité en jeux dans nos lombes
Se perpétue dans un renaître qui s'étire
Bien au-delà même de nos tombes

Vie !
Tu es précieuse dans le cours des jours
Qu'on nomme "chacun son destin"
Ou sort commun de l'humain de toujours
Ton seul garant est le désir divin
Qui a mis dans nos cœurs l'autre en amour
Et la conscience de préserver notre terre de demain.

# La Paix En Mes Lieux
*Thème : Promotion Paix*

On m'a appris à me défendre
Poings fermés, dents serrées
L'œil en feu
Mon être s'est mis à se prendre
Pour le champion des yeux beurrés
Dans ses peurs en creux
Puis on me donna un fusil
Et le droit de tuer
Pour un idéal en faux esprit
J'ai marché à la guerre des vils
Je me suis mis à ruer
La folie m'ayant pris
Le cœur l'âme et l'esprit
Depuis je cultive mes cendres
Sur des tombes semées
Qui fleurissent sur mes lieux
Seule la paix a su me rendre
La dignité de rêver
D'un monde sans feu
Enterrant les fusils
Les canons à tuer
La vérité des faux esprits
Qui ne sera plus à vendre
J'aime maintenant à crier
Les dents serrées
Pour que la paix soit en mes lieux.

## The Peace Within My Spaces

I was taught to defend myself
Fists clenched, teeth tightly pressed
Eyes ablaze
My being started to portray
As the champion with tear-filled eyes
In its hollow fears
Then, a rifle was handed to me
And the right to kill
For an ideal in a false spirit
I marched into the war of the vile
I started to rebel
Folly having seized me
Heart, soul, and mind
Since then, I cultivated my ashes
On scattered graves
Blooming in my spaces
Only peace managed to restore me
The dignity to dream
Of a world without fire
Burying the rifles
The cannons of death
The truth of false spirits
That will no longer be for sale
Now, I delight in shouting
Teeth tightly clenched
So that peace may dwell within my spaces

Shards of Hope ~ *The Colors of Humanity*

# Nadjoua Bensalem

Shards of Hope ~ *The Colors of Humanity*

## La Plume Enchantée

Ma plume s'est éclipsée et Pierrot est absent.
La lune est cachée et ma chandelle est morte.
Je cherche ma Plume, je cherche du feu.
Je cherche ma plume pour exaucer un vœu.

Les cieux s'en mêlent envoyant Peter Pan.
Je lui demandai une plume, celle d'un paon.
Volant dans le ciel emporté par le vent.
Il m'en procure une à l'aide des enfants.

Trempée dans l'arc-en-ciel, cette incroyable passerelle.
J'ai rempli des pages de la vie, enflammé l'horizon.
J'ai coloré les âmes, enrubanné les cœurs.
J'ai revivifié les choses et les éléments.

J'ai panaché les univers les plus sombres.
Empourpré les coins les plus insignifiants.
J'ai dessiné une lueur, gaspillé de la joie.
J'ai dessiné des sourires ici-bas et dans l'au-delà ;

J'ai réanimé les animaux et les humains
J'ai rempli les pages de la vie ;
Enflammé l'horizon.
J'ai repeint le monde à ma façon.

Ceci est le récit de mon rêve d'hier.
Et vous, de quoi avez-vous rêvé ?
Osez les songes, délires et illusions.
Ils sont un rempart contre la folie et les tourments.

## Lettre, Page, Livre.

Tu es une ultime lettre de l'alphabet.
Jamais utilisée, inédite, interdite.
Tu es un mot inusuel, casuel, royal, raffiné.
Tu es une page, celle à laquelle je me suis arrêtée.
Et là où le temps s'est arrêté.

Une page écrite dans une langue sacrée.
Qui attendait un sort, un miracle.
Une page ou un feuillet.
Une planche débordante d'art et de lumière.
L'enluminure d'un manuscrit sacré.

Tu es un livre ouvert ou fermé.
Je ne saurais le dire.
Tu es le livre de la vie que tant d'écrivains ont tenté d'écrire en vain.
Tu es l'unique exemplaire d'un fabuleux manuscrit.
Le grimoire que les archéologues ont longtemps cherché.

Tu es le livre de l'univers.
Ce que j'ai toujours recherché, c'est toi.
Toutes les richesses du monde, tu les as en toi.
Tous les chemins mènent vers toi.
Tous mes voyants s'allument pour toi.

Tu es mon livre et je me livre à toi et à tes lois.
Je suis ivre sans gouttes.
Je suis éthéromane sans curare.

Je suis sortie de mon corps pour aller vers toi.
Vas-tu m'accueillir ou pas ?

Je te lis comme hypnotisée.
Pour en savoir un peu plus.
Pour te trouver, nous retrouver.
Dans cette calligraphie complexe.
Dans ce charabia qui nous entraîne, nous envoûte.

L'amour est un voyage palpitant.
Qui vous entraîne dans une autre dimension.
Sans bagages et sans instructions.
Entre délices et souffrances.
Entre extase et potence.

## Je Cherche ...

Je cherche le papillon de Nervalou de Lamartine.
Une fleur sans tige, qui voltige.
Un monarque ou un machaon.
Géométrique et coloré.
Qui déploie ses ailes.
Flirtant avec le soleil.
De l'espoir ailé pour la fantaisie .

Je cherche l'abeille de Hugo,
De Gibran ou de Senghor.
« À la gentillesse ébouriffée. »
 « Hélicoptères aux ailes noires, aux virages de grâce et de douceur. »
Totem pour le respect de l'environnement.
L'abeille, fille de la lumière, reine ou ouvrière.

 Je cherche l'« orchidée discrète » de Gallé.
Quelle fleur dans l'univers serait mieux parée ?
Vêtue de gouttes de pluie, larmes de cristal.
Pour l'extinction de ses sœurs.
Elle éclot et s'éteint.
Elle a une âme, c'est certain.

Je cherche l'hippocampe des tropiques.
 La jument verte de Desnos.
 À la couronne perchée sur la tête.
 Cheval marin, autrement caméléon.
« Qu'aucun jockey n'a chevauché, »
« Qu'aucun cocher n'a harnaché. »
Monture de Neptune, gardien de Poséidon.

Je cherche Panthera Tigris.

Le panda géant, le léopard des neiges.
Et tous les animaux de la jungle.
Ceux de la poésie africaine.
Où sont passées ces légendes vivantes ?
Déforestation ou braconnage.

Je cherche la forêt vierge de Césaire.
Sous des cieux rayonnants.
Mille fois séculaire, indomptable.
Jamais exploitée, défrichée.
Mais appréhendant demain.
Car l'humain est en chemin.

Je cherche le bord de l'eau de Maupassant.
Une goutte d'eau, une flaque.
Une rivière, une mer, un océan.
Sang de la terre, cours dans ses veines.
Berceau de la vie, flots menaçants.
Liquide qui se raréfie.

Je cherche un spécimen humain.
Celui d'Homère ou d'Hésiode.
Celui qui est capable de créer un monde plus humain.
Je cherche l'ange, non le démon.
Un homme en marche vers plus de solidarité, de fraternité, d'humanisme.

Je cherche le marabout de Mammeri.
Ce guide spirituel, cet éveilleur de consciences.
Sauveur de la planète, digne Terrien.
Le sage de Verlaine, celui des poèmes saturniens.
Qui suit la chanson du vent
Contemple la mer profonde.

Je cherche l'aïeul de Guillen.
Créateur de l'agriculture, dompteur du feu.
Vivant en communion avec la terre, les éléments.
Le visionnaire de Lorrain, ce savant de l'environnement.
Le guérisseur de Cheikh Mohand Oulhoucine.
Pour colmater les brèches, recoller les morceaux.

Nadjoua Bensalem / Algérie

☆☆☆

TEXTE N° 4

MES RÊVES EN CADEAUX.

Envie d'offrir à l'humanité
Des douceurs pour apaiser les cœurs.
Des pouvoirs magiques purifiant les âmes et les lieux
Un philtre d'amour ou les loyaux services de cupidon.

Des étoiles pour éclairer les chemins.
De l'amour pour les citoyens du monde, au-delà des nations et des croyances.
Des pétales de fleurs pour effleurer les visages des parias.
Des sourires aux enfants-soldats, aux filles mères, aux pupilles.

Des prières venues de la Mecque, de Jérusalem, du Tibet ou du Vatican.
De l'espoir pour les malades, les pas de chance, et les moins que rien.

De la liberté pour les esclaves, les prisonniers.
De la sagesse aux humains, esprit et compréhension.

Du courage aux travailleurs au noir, aux soldats au front.
De la chance pour les sans-papiers, pour les migrants.
De la joie après la patience, partagée et criée à tue-tête.
La paix et la justice pour les peuples opprimés.

## My Dreams as Gifts

Desire to offer humanity,
Sweetness to soothe hearts.
Magical powers purifying souls and places,
A love potion or Cupid's loyal services.
Stars to illuminate paths.
Love for global citizens, beyond nations and beliefs.
Flower petals to touch the faces of outcasts.
Smiles for child soldiers, for single mothers, for orphans.
Prayers from Mecca, Jerusalem, Tibet, or the Vatican.
Hope for the sick, the unlucky, and the downtrodden.
Freedom for slaves, and prisoners.
Wisdom for humans, spirit, and understanding.
Courage for undocumented workers, and soldiers on the front lines.
Luck for undocumented individuals, for migrants.
Joy after patience, shared and shouted loudly.
Peace and justice for oppressed peoples.

Éclats D'Espérance ~ *Les couleurs de l'humanité*

# Bouita Mohamed Ms

## La Paix Et L'amour

J'ai aimé les tendres roses et les fleurs
Pour te les offrir en gerbes et bouquets
Non seulement tu m'as manqué
Mais tu es la reine de mon cœur.
J'ai aimé le ciel et son aurore
La mer et ses vagues et ses flots
Et tout ce qui est limpide et beau.
Alors je le dis si haut que je t'adore.
Je traverse monts, contrées
Prairies, sombres forêts et prés
En intrépide chevalier
Pour être à ma reine si lié.
Sérieux, sage et poli, j'obéis
Là où se trouve la paix.
Je construis mon palais
Là où se trouve l'amour, est mon pays.

## Amitié

Bon est ton nom
Il pèse plus qu'une montagne
Qui fait face aux vents
Tu es le long pont
Qui joint les cœurs bons
Comme les rameaux aux troncs.
Amitié
Tu es la star
Porteuse d'espoir
Quand tu parais au firmament.
Tu as la clarté du diamant.
Tu es une âme dans deux corps
Tu es la clarté entre l'aube et l'aurore
Amitié, tu es la romance de la fraternité
Gavée de révérences et de bonté

# Je Voudrais Être Un Nuage

Je voudrais être un nuage
Porté par le vent du couchant au levant
Ayant comme bagage une eau de pluie et des graines de neige
Pour arroser la terre et l'embellir de beaux paysages
Voilà la source d'admiration ! et l'espoir de tous les vivants

## Les Mélodies De La Poésie

Que la poésie nous rapproche et nous unisse
Qu'elle soit la source douce dans les oasis
Si le monde appartenait aux artistes et aux poètes,
il n'y aurait jamais de guerres qui nous guettent
Voici ma poésie
Polir le rude
Adoucir l'amer
Affiner le vulgaire
Emplir le vide
Amender l'aride
Dissimuler les rides
Puiser du puits limpide
Avoir le cœur comme guide
Que le regard perce les horizons
Pour voir la cinquième saison
Un vert univers
Arrosé par tant de rivières
Venant d'ailleurs
Des sources des hauteurs
Voici ma poésie !
Voici la douceur de ma vie
La jolie que j'ai choisie
Elle me charme et me ravit
Elle est en moi
Elle est ma paix et ma joie
Bouaita B MS

## Amoureux De La Paix

Elle m'a demandé, es-tu l'amoureux de la paix ?
J'ai répondu, Oui ! Oui !
Pour elle, ma plume sur les feuilles galopait
Comme une jument cherchant un puits
Me voici, avec elle, dans ce sphère vert
Je compose des doux vers, non pour plaire,
Mais pour faire taire les manipulateurs pervers
Et ceux qui chantent les bienfaits de la guerre
Pour vendre leurs armes et faire couler les larmes
Paix ! Je veux que tu teintes ma poésie par ta sérénité
Pour apaiser la douleur de ceux que la guerre a attristés
Et dessiner les sourires radieux sur les visages des femmes
Qui ont arrosé les tombes de leurs maris d'un val de larmes
Pleurs des cœurs, pour la paix intérieure et la douce tranquillité

## Lover Of Peace

She asked me, "Are you a lover of peace?
"I replied, "Yes! Yes!"
For her, my pen galloped on the sheets like a mare seeking a well.
Here I am, with her, in this green sphere. I compose gentle verses, not to please but to silence the perverse manipulators and those who sing the benefits of war, selling their weapons while shedding crocodile tears. Peace! I want you to tint my poetry with your serenity, to enchant the pain of those saddened by war, and Paint radiant smiles on the faces of women who have watered their husbands' graves with a valley of tears.
"Cries of hearts for inner peace and sweet tranquility.

Éclats D'Espérance ~ *Les couleurs de l'humanité*

# Derdour Ahmed

## Soyez Équitables
*Thème : Quête justice / Équité / Paix*

Êtes-vous aveugles avec des yeux grands ouverts ?
Partout en ce monde sont monnaies courantes
Des appels à la haine, viols, Crimes divers,
Assassinats, massacres, répressions répugnantes !
Vous qui prétendez veiller à la paix de l'Univers
Que faites-vous pour ces âmes errantes, expirantes ?
Qu'avez-vous fait des terres, des mers, des airs ?
Vous avez tout détruit avec vos armes polluantes.
Vous vous vantez Libres défendant la Liberté
Pourtant invisible chez les Rohingya…, en Afrique
La vie des Ouïghours est volontairement écourtée.
Au Yémen, en Syrie, elle n'est que chimérique !
Gardez vos mots, les peuples opprimés
Que l'ordre mondial, pille, suce, déracine
Ne veulent dons, promesses envenimés
Mais leurs droits à vivre libre en Palestine
Pour que Paix règne, que soit rendue
Aux enfants naturels leur terre-mère
Que toutes barbaries, haines soient pendues.
La solution n'est pas dans la guerre.

## Amour Et Non À Mort

Ô, Sage et preux chevalier,
Descends de ton destrier
Fini le temps des Croisades.
Ne veut être humilié
Aucun peuple spolié
Fini le temps des ratonnades.
Ôte ta cuirasse en fer
Jette le harnais en l'air
À nous les belles parades !
Du coursier au palefroi
Le bonheur redevient roi
Louons la paix ! Battons les chamades !
Brave guerrier, à ton tour,
Respire, hors de ta tour
Rends la joie aux camarades !
Mets fin aux rangers si lourds
Savourons nos plus beaux jours
Donnons-nous des accolades !
Et toi, sors de ton terrier,
Je suis prêt à parier
La paix sans les canonnades.
Mère-terre a soif d'amour
De justice, un peu d'humour
Échange et belles balades.

## Love And Not Death

O, Wise and valiant knight,
Descend from your steed
The time of the Crusades is over.
No desire to humiliate
No people to plunder
The time of racial attacks is over.
Remove your iron armor
Toss the harness in the air
Let the beautiful parades begin!
From warhorse to palfrey
Happiness becomes king again
Let's praise peace! Silencing the drumbeats!
Brave warrior, it's your turn,
Breathe outside your tower
Bring joy back to comrades!
Put an end to the heavy boots
Let's savor our best days
Let's embrace each other!
And you, come out of your burrow,
I'm ready to bet
Peace without cannon fire.
Mother Earth thirsts for love
For justice, a bit of humor
Exchange and beautiful walks"

Shards of Hope ~ *The Colors of Humanity*

Éclats D'Espérance ~ *Les couleurs de l'humanité*

# Nacer Guidoum

alias

# Massinissa Cirta

## La Bêtise Humaine

Depuis la nuit des temps,
Les guerres sont ordonnées,
Les rois et les sultans.
Mais, elles sont toujours faites
Par les humbles gens.
On fait ces horreurs
Pour sacrifier les innocents.
À Chaque fin de guerre,
On dit que ça sera la dernière.
Mais, hélas, on oublie vite tous ceux
Qu'on vient de mettre sous terre.
Et, l'esprit de conquête
Reviens vite et avec ardeur
Chez les empereurs,
Les rois et les gouverneurs
Qui obligent leurs peuples
À s'entretuer. Quelle horreur !
À l'aube du troisième millénaire,
Avec des armes plus diaboliques,
On continue à semer la mort et la terreur
En disant que c'est fantastique.
En Irak, en Tchétchénie, en Yougoslavie.....
Voire, même dans le Pacifique.
On détruit les villes et les villages ,
Les vestiges les plus manifiques.
On tue encore et encore, par milliers
De pauvres désarmés et innocents.
Et, les médias commentent ces horreurs
Comme si c'était un jeu d'enfants.

Il n'y a pas de causes justes ou injustes,
Comme on le répète souvent.
Mais,il y a la bêtise humaine.
Va-t-elle encore durer et jusqu'à quand ?

## Mon Grand-Père

Il marche à pas lents
En s'appuyant sur sa canne.
Le dos courbé par les ans
Ses jambes lourdes le traînent.

Il va toujours au marché
Pour ,plus tuer le temps
Que pour remplir son panier
À sa main bien accroché.

Je l'accompagne souvent
Pour ses ballades en ville.
Je suis son compagnon
Et, fier de lui être utile.

À chaque pas , on s'arrête
Pour saluer les passants
Qui hochent la tête
Avec respect en souriant.

Avec lui, à la maison,
C'est toujours la fête
Ses poches pleines de bonbons,
Oh! Comme il nous gâte.

Il a été mon meilleur ami.
Il a été mon alter-ego.
Il ne m'a jamais puni
Malgré mes grands défauts.

Grand-père était très beau.
Ses grandes moustaches
Me rappellent toujours
Le guidon de mon vélo.

Et, quand je le lui dis en riant,
Il se lève et avec ses doigts
Il les dresse encore plus haut
Pour paraître plus drôle en riant.

## Le Révolté

Je suis ému,
Triste et en colère,
Contre moi-même,
Contre mes frères.
Je suis fatigué
Des horreurs de la guerre.
Je suis épuisé
D'entendre l',horrible tonnerre
Chaque matin,
Chaque soir,
Foudroyer ma terre.
Je suis enragé
De voir continuellement se taire
Les amoureux de la Paix,
Ses défenseurs
Devant ces bombardements
Ignobles à ciel ouvert.
Je suis écœuré
Par la famine et la misère
Qui s'étalent devant
Nos yeux grands ouverts.
À Gaza, au Darfour ou ailleurs.
Je suis révolté
Contre le mutisme
De tout Noble
Devant cette terreur.
J'ai la nausée de voir
Ces guignols -gouverneurs
Obséquieux et vils

Se prosterner avec déshonneur
Devant la force destructrice
Des envahisseurs.
Je suis las de ne voir
Que la mort et la laideur.
Je suffoque de ne sentir
Que les cadavres et la puanteur.
Je suis déchiré
Par les cris de la mort, de la peur.
Mais, je ne perds pas espoir de voir la lueur
Du soleil, si faible soit-elle,
Dissiper la noirceur de l'injustice,
De l'arrogance et de la terreur.

Je suis ému
Triste et en colère
Contre moi-même,
Contre mes frères ...

## La Paix

Tôt ou tard, la paix reviendra,
Cher ami, toi et moi, on dansera
Au pied du cèdre millénaire qui saura
Nous accueillir, par milliers, dans l'agora
Dans un Liban libre et prospère, tu verras.

Tôt ou tard, la paix reviendra,
Cher ami, toi et moi on entendra
Rire les enfants de Sabra et Chatila
Et, tout le sang qui a coulé n'est pas vain.
Il fait pousser des oeillets et des lilas
Dans un Liban libre et prospère, tu verras.

Tôt ou tard, la paix reviendra,
Cher ami, toi et moi on priera
À l'Église, à la Synagogue, à El-aksa.
Et, Jérusalem la généreuse, belle se fera
Pour accueillir tous ses enfants dans ses bras.
Dans une Palestine libre et prospère, tu verras.

Tôt ou tard, la paix reviendra ,
Cher ami, toi et moi on chantera
Au pied d'un palmier millénaire qui saura
Écouter notre récital de noubas
Dans un Irak libre et prospère, tu verras.

Tôt ou tard , la paix reviendra
Cher ami, toi et moi on sera
Accueillis comme des seigneurs , où on va
Dans tous les pays du monde , tu verras.
Car la paix est revenue et elle est bien là.

# Peace

Sooner or later, peace will return, Dear friend, you and i.we'll dance and yearn, Beneath the ancient cedar's embrace, Welcoming us by the thousands in the agora's space, In a free and thriving Lebanon, you'll discern.
Sooner or later, peace will return, Dear friend, you and I will hear it burn, Laughter of children in Sabra and Chatila, All the blood spilled, not in vain did it spill, Blooming carnations and lilacs, a hopeful thrill, In a free and thriving Lebanon, you'll discern.
Sooner or later, peace will return, Dear friend, you and I will pray and learn, In the Church, the Synagogue, at El-Aqsa, And Jerusalem, generous and fair, Will embrace all its children with love, to share, In a free and thriving Palestine, you'll discern.
Sooner or later, peace will return, Dear friend, you and I. We shall sing in turn, Beneath a millennium palm's knowing gaze, Listening to our musical tales, In a free and thriving Iraq, you'll discern.
Sooner or later, peace will return, Dear friend, you and I. we will earn, A welcome as lords wherever we go, In every corner of the world, this I know. For peace has returned, and it's here to stay.

Éclats D'Espérance ~ *Les couleurs de l'humanité*

# Rabah Habbiche

## Laisse La Joie Envahir Ton Cœur
*Thème : Joie, encouragement à surmonter la tristesse et à apprécier la beauté de la vie*

Laisse la joie envahir ton cœur
La tristesse rend vieux avant l'heure
Ne sombre pas dans le chagrin
Fais de ta vie un joli matin.

Comme l'écume sur les rivages
Laisse naître le sourire sur ton visage
Comme au désert le puits
C'est une mère qui donne la vie.

Sois comme les feuilles d'automne
Le joli est de rose et de jaune
Sous les Do Ré Mi Fa Sol
Elles chantent et dansent au vol.

Laisse la joie envahir ton cœur
La tristesse rend vieux avant l'heure
Sois comme le nénuphar à l'eau
Heureux sous le chant du ruisseau.

## Sème Partout Le Pardon

*Thème : Appel à la tolérance, à la non-violence et au pardon comme moyens de promouvoir la paix et l'harmonie entre les individus.*

Tu es noir tu es blanc,
Sème partout le pardon.
Vis en paix mon frère,
Tue la vie la guerre.

Accepte l'autre, sois tolérant,
Pardonne, ne sois pas violent,
Ôte la haine de ton cœur,
Le pardon, c'est une fleur.

Vis en paix mon frère
Tue la vie la guerre
Sème partout le pardon
C'est un joli printemps.

## On Ne Tue Pas Le Printemps

On ne tue pas le printemps
Il est dans le sourire des enfants
Toutes ces horreurs aux yeux
Des anges au bleu des cieux
Partent vivre au paradis
Leur jolie seconde vie.

On ne tue pas le printemps
Il est dans le sourire des enfants
Qui sont-ils ces hommes
Qui ôtent la vie des mômes
Des sanguinaires sans pardon
On ne tue pas le printemps.

## Fréquentez Les Gens Heureux

Fréquentez les gens heureux
Le bonheur est contagieux
Chopez-le comme un virus
Ses symptômes sont un délice.

Fréquentez les gens heureux
Ils ont le sourire aux yeux
L'on sent le cœur chanter
La joie du mille printemps d'été.

Fréquentez les gens heureux
Ils ont la joie de nos vieux
L'on voit fleurir à l'immense bleu
Le joli sourire des yeux.

## Ensemble Luttons Pour La Paix

*Thème : Promotion de la paix, de la liberté et lutte contre la guerre.*

Je le dis je le crie dans mes prières
De grâce ne faîtes plus les guerres
Ensemble luttons pour la paix
Espoir de toute l'humanité.

Sur nos cahiers d'écoliers
Écrivons le mot Liberté
Ses lettres des fleurs des ronces
Une arme, ma plume dénonce.

## Together, Let's Strive For Peace

*Theme: Promotion of peace, freedom, and the fight against war.*

I say it, I shout it in my prayers,
Please, no more wars.
Together, let's strive for peace,
Hope for all of humanity to be released.
In our school notebooks, let us write,
The word Freedom, in letters bright.
Its letters bloom like flowers untamed,
A weapon, my pen proclaimed.

# Ali Kherbache

Shards of Hope ~ *The Colors of Humanity*

## Paroles De Mon Pays L'algérie.

Ô ce vent de haine qui souffle !
As-tu pris parti, toi aussi ?
Combien de pauvres, de sans-abris, d'âmes qui souffrent ?
Pourquoi tant d'injustice et de mépris ?
Pourquoi tant de corps inertes et de débris ?
Vous, les faiseurs de beaux rêves,
À quand serez-vous rassasiés de dilapider les richesses d'autrui ?
Quand est-ce que ces guerres auront trêve ?
Depuis la nuit du temps
Jusqu'à aujourd'hui,
Vous n'avez jamais cessé de mentir !
Quand est-ce qu'ils cesseront, vos mensonges, vos bombes, vos prêches..., tous ces bruits ?
Les uns, au nom des droits de l'homme et de la démocratie,
Les autres, au nom des croyances et d'idéologies,
En aucun cas, personne n'a le droit d'ôter une vie !
Je rêve d'un monde sans frontières...
Je voyage d'un pays à l'autre, sans barrières !
Ne voyant que des sourires.
Dire et entendre que des bonjours...
Voir sur les visages que le rayonnement d'amour...
Les paysages verdoyants, animés par des chants d'oiseaux.
Écouter les notes faites par les eaux,
Descendant la cascade, au ruisseau !
Vivre libre, là éternellement, sans voir de faux,
Sans avoir de défauts, la tête sans maux !
SEMONS-NOUS LA PAIX ET NOUS TROUVERONS TOUS LA PROSPÉRITÉ !

## Le Monde Meilleur

J'aime tout ce qui est beau,
Tout ce qui me fait plaisir,
Si j'avais le choix.
Une vie sans maux,
Que de loisirs,
Je choisirais ta voie
Ô l'amour !

Semer la bonne graine
Là où je passe,
De bout en bout.
Montagnes et plaines,
Où n'existe aucune impasse,
La liberté est mon atout.

En Dieu, avoir la vraie foi,
Non pas de l'humour,
Quoi que l'on fasse,
Être fidèle à soi
Et pour toujours.
Ne pas se voiler des lois
Pour plaire au Roi !

Rêver d'un monde meilleur
Et faire tout son contraire,
N'est pas logique !
Croire le trouver ailleurs.
Il se cultive avec des bonnes manières,
Être humble et pacifique.

## Éclats D'Espérance ~ *Les couleurs de l'humanité*

Apprendre à donner
Ce que tu aimes recevoir.
Savoir pardonner,
Même au risque de décevoir
Certaines arrières pensées,
Que l'on sache que c'est ça le vrai pouvoir !

## L'Egoïsme

L'amour, ce mot magique,

Il suffit de l'entendre que ton cœur soupire.

Mais, est-il logique

De priver quelqu'un de ce que toi tu désires ?


## Ma Peine

Pourquoi toute cette haine ?
Jusqu'à quand ça va durer ?
Sans répit, depuis combien de semaines !
Elle a fait trop pleurer.
N'est-il pas temps de briser ces chaînes !
Ou bien, continuer comme ça à se leurrer !
Ça suffit, la bouteille est pleine !
De causer autant de dommages !
Ça nous fait vraiment de la peine
De voir toutes ces images !
Arrêtez ces sirènes...
S'il vous plaît, arrêtez ces massacres sauvages !

## La Paix

Ô fils ! Je voudrais bien assister
À ta joie, le jour de ton mariage.
Ce jour-là, je préparerais les meilleurs plats,
Nous réaliserons enfin notre souhait.
Même si, la mort venait m'ôter la vie,
Je te laisserais le foyer à combler.
Je partirais sans soucis,
En comptant sur toi, d'assurer la relève de ton père.

Ô mère ! Ce que nous avions espéré,
C'est devenu irréalisable.
L'endurance nous était imposée,
Nous ne pouvons que nous soumettre au destin.
Ô fils ! La vie est ainsi faite,
Elle n'a jamais épargné personne.
Si la paix était vendable,
Elle serait accaparée par les nantis.

Ô mère ! De quoi tu souffres ?
Je vois la tristesse sur ton visage,
Racontes-moi tes préoccupations
Pour tenter de les résoudre.
Si les ennuis émanent des ennemis,
Je me battrais contre leur injustice.
Racontes-moi sereinement,
Chaque nuit est suivie du jour.

Ô fils ! Tu es si cher pour moi,
Je ne veux pas te causer d'ennuis.
L'essentiel que tu sois en paix,

Moi, je suis habitué à la patience.
Mon espoir est contredit,
Moi, qui voulais te profiter, tant que tu es jeune.
Je te prie de me pardonner,
Pour les ennuis que je t'ai causés.

Ô mère ! C'est au-dessus de la volonté humaine,
Qui n'aimerait pas être en paix ?
À toute chose, son contraire,
D'aucuns sont heureux, d'autres dans le malheur.
C'est à moi de vous demander
Mes parents, de me pardonner.
Vous vous êtes privés de tout,
En vous peinant pour m'élever.

Vas-y mon fils, sois tranquille !
De notre part, tu es pardonné.
Je te conseille de ne pas t'aigrir.
En cas de mort, je partirais en paix.
Les bienfaits divins sont très larges.
Il faut suivre le droit chemin,
Ces nuages finiront par se dissiper,
Et tu vivras de beaux jours.

# Peace

"Oh, son! I would love to witness your joy on the day of your wedding. On that day, I would prepare the finest dishes, and our wish would finally come true. Even if death comes for me, I would leave the home for you to lead and fill with your own experiences. I could leave without worries, counting on you to continue your father's legacy.

Oh, mother! What we hoped for has become unattainable. Endurance was imposed upon us, and we can only submit to destiny. If peace were for sale, the privileged would monopolize it.

Oh, son! Life is made in this way; it has never spared anyone. If troubles arise from enemies, I will fight against their injustice. Tell me calmly that each night is followed by a new day.

Oh, mother! I see the sadness on your face. Share your concerns; let's resolve them together. If troubles arise from enemies, I will fight against their injustice. Tell me calmly that each night is followed by a new day.

Oh, son! You are so precious to me that I don't want to cause you trouble. The essential thing is that you are at peace; I am accustomed to patience. My hope is contradicted; I wanted to enjoy you while you were young. I implore you to forgive me for the trouble I have caused you.

Oh, mother! It is beyond human will. Who wouldn't want to be at peace? To everything, there is an opposite. Some are happy, others in misery. It is up to me to ask my parents for forgiveness. You sacrificed everything, struggling to raise me.

Go on, my son, be at ease! You are forgiven by us. I advise you not to be embittered. In case of death, I would depart in peace. Divine blessings are vast. Follow the right path, and these clouds will eventually disperse, and you will live beautiful days."

Éclats D'Espérance ~ *Les couleurs de l'humanité*

# Boualem Magouz

Shards of Hope ~ *The Colors of Humanity*

## Belle Et Rebelle
*Thème: Beauté / Liberté / Justice*

Tu es encore plus belle,
Quand soudain tu te rebelles.
Quand ta nuit tombe le voile,
Et que des myriades d'étoiles Scintillent dans tes yeux noirs,
Tu es merveilleux espoir.

Tu es encore plus belle,
Quand soudain tu te rebelles,
Quand tu défies l'oppresseur,
Et que tes frères et sœurs
Te chantent à l'unisson,
Tu es sublime chanson.

Tu es encore plus belle,
Quand soudain tu te rebelles,
Quand tu inondes les rues,
Et que tes fleuves en crues
Engloutissent tes bourreaux,
Tu es terre de héros.

Tu es encore plus belle,
Quand soudain tu te rebelles,
Quand tu chasses les tyrans,
Et que des milliers d'enfants
T'applaudissent tous en chœur,
Tu es source de bonheur.

Tu es encore plus belle,
Quand soudain tu te rebelles,
Quand tu offres de ton sang,
Et que survit l'innocent
Aux affres du temps maudit,
Tu as siège au paradis.

Tu es encore plus belle,
Quand soudain tu te rebelles,
Quand tu défends nos acquis,
Et que ta voix du maquis
Délivre le peuple otage,
Tu es l'hymne du courage.

Tu es encore plus belle,
Quand soudain tu te rebelles,
Quand tu hisses l'étendard,
Et qu'à tes yeux eu égard,
De larmes tu te désaltères,
Tu es un ange sur terre.

## Liberté
*Thème: La liberté et l'espoir.*

Dé-menottez la liberté,
Qu'elle assure à chacun ses droits,
Et brise la faim et le froid,
Afin que règne l'équité.

Libérez à l'heure l'aurore,
Qu'il donne la vie sans douleur,
Et l'irise haut en couleur,
Afin que plaise son décor.

Dé-menottez notre soleil,
Qu'il éclaire les jours ombreux,
Et secoue ceux au sommeil lourd,
Afin que le peuple s'éveille.

Libérez la brise de mer,
Qu'elle rafraîchisse l'espace,
Et répande alentour sa grâce,
Afin que s'amadoue l'amer.

Dé-menottez la pluie d'octobre,
Qu'elle poursuive au pas l'automne,
Et vante le chant qu'il fredonne,
Afin que l'hiver soit plus sobre.

Libérer le vent de la paix,
Qu'il brise les odieux remparts,
Et sauve les gens mis à part,
Afin que le mal soit coupé.

Dé-menottez le bel amour,
Qu'il taise la haine et la guerre,
Et d'y veiller ne cesse guère,
Afin que la paix voit le jour.

Libérez l'oiseau de sa cage,
Qu'il sache à quoi servent ses ailes,
Et s'envole haut dans le ciel,
Afin que la paix soit son ramage.

Dé-menottez le véridique,
Qu'il parle à gorge déployée,
Et dénonce les dévoyés,
Afin que cesse l'ère inique.

Libérez l'hymne et l'étendard,
Qu'ils flottent par-dessus les toits,
Et alentour sèment la joie,
Afin que fiers soient les regards.

Dé-menottez la liberté,
Qu'elle assure à chacun ses droits,
Et brise la faim et le froid,
Afin que règne l'équité.

## Pluie D'espoir
*Thème: Espoir / Renaissance*

Une pluie fine tambourine sur les toits,
Ses perles aux reflets irisés dégoulinent
sur les vitres, espoir et douces larmes de joie,
Et dans les cœurs que la sécheresse ravine.

La terre longtemps assoiffée se désaltère,
Confortée, elle voit, tous ses gens, accourir;
La fraîcheur de la bruine apaise l'atmosphère,
Et l'accalmie esquisse à nouveau le sourire.

On se redécouvre, le visage s'illumine,
On soutient le regard, on n'a plus grise mine;
On retrouve même les gestes d'autrefois.

Lavée et purifiée des horreurs de la haine,
La terre mère se libère de ses chaînes
Et revêt, paix revenue, ses habits de soie.

# Rain Of Hope

A fine rain beats on the roofs,
Its iridescent beads drip down on the windows,
Hope and gentle tears of joy in hearts carved by drought.
The long-thirsty earth quenches its thirst,
Rejuvenated, it sees all its people come running;
The drizzle's coolness calms the atmosphere,
And the gentle rain sketches a smile again.
We rediscover ourselves, faces light up,
We gaze at each other. No more gloomy faces;
We even rediscover the gestures of yesteryear.
Freed from the horrors of hatred, cleansed and purified,
Mother Earth frees herself from her chains,
And, with peace restored, dons her silk garments.

# Ouahiba Mansous

Shards of Hope ~ *The Colors of Humanity*

## La Sagesse

La sagesse ? Ma foi, quoi de plus beau ?
C'est un beau sourire dans les yeux.
Un don de notre Dieu,
Une iode, un rayon lumineux,
Un regard doux et pieux.
La sagesse ?
C'est le soleil levant,
Un bonheur, une fascination,
Un appel à la séduction,
Un éclat, un beau diamant.
Le chant de la sagesse ?
Un son du sourire qui éblouit,
Qui enflamme la vie.
C'est la frondaison, le printemps qui fleurit,
La beauté de la vie.
La sagesse, c'est le parfum qui se répand
Dans les yeux, dans les souffles ambiants.
C'est la joie, le souhait,
Qui envoie, dans le ciel, danser,
L'âme éprise de cet air léger.
Dans mes rêves, mes pensées, elle est mon alliée.
Dans mes gestes, ma poésie,
Elle est mon soupirant, mon génie,
Qui fredonne chant et mélodie.
La sagesse ?
C'est un don précieux,
Un cœur lucide et radieux.
Une faveur des cieux,
Une âme en joie, une passion pour les yeux.

## J'ai Espoir

Même si le ciel est inondé de larmes,
Même si les saisons paraissent chargées de regrets,
Même si l'air est inculpé de nostalgie,
Je garde au fond de mon cœur une lueur de chaleur.
Même si les visages semblent peinés,
Même si la lumière s'est noyée
Dans un néant sombre et déprimé,
Même si le temps n'est plus stellé,
Même si les grains refusent de germer,
Je garde au fond de mon cœur une lueur de chaleur.
Même si les moments doux et enchantés
Ont quitté les murs des foyers,
Même si l'obscurité est devenue leur alliée,
Même si la laideur a annihilé le parfait,
Je garde au fond de mon cœur une lueur de chaleur.
Même si les rêves sont blessés,
Même si les regards semblent exilés,
Meurtris par tant de peine, de difficulté,
Même si les sourires sont fanés
Et ne portent plus de parfum embaumé,
Je garde au fond de mon cœur une lueur de chaleur.
Même si les saisons ont perdu félicité
Et ne portent plus de fruits chamarrés,
Même si les arbres de leurs habits sont dénudés,
Même si les oiseaux ne serinent plus les bienfaits,
Je garde au fond de mon cœur une lueur de chaleur.
Même si les fontaines cessent de fluer,
Même si les roses renient leur beauté,
Même si la vie s'engourdit sur des sentiers,

## Éclats D'Espérance ~ *Les couleurs de l'humanité*

Je garde au fond de mon cœur une lueur de chaleur.
Même si la raison s'est révoltée,
Même si les actes sont devenus insensés,
Même si le mal a pris possession de l'humanité,
Je garde au fond de mon cœur une lueur de chaleur.
Oui, je garde espoir, c'est la chaleur de la vie.
Ce mot que j'aime et qui chante ma poésie.

## Mon Amitié Pour Vous

Amitié, mot par Dieu anobli.
Elle lie les âmes à vie.
Sème le beau et l'épanouit.
En évitant défaillance et souci.
Amitié est une qualité appréciée.
Qui exige d'être respectée.
Elle relie le cœur.
Balaie chagrin et douleur.
C'est juste cet arc-en-ciel qui porte splendeur.
Amitié est un beau ruban printanier.
C'est un rivage de paix.
Qui récuse le verbe lutiner.
Amitié veut aimer.
Aider, réchauffer, écouter.
Adoucir les traces du cœur laminé.
Amitié refuse les frontières.
Brise les passerelles adversaires.
Pour piller, le douloureux, l'amer.
Amitié fait des printemps.
De bonté, de beauté nappée.
De joie, elle aborde les journées.
Elle ne laisse pas de bateau sombrer.
Ni les cris de haine bercer.
Elle est calme borées réveillées.
Étanche la soif des assoiffés.
Et d'une audace effrénée.
Pénètre les âmes ébranlées.
L'ont dit les sages.
L'amitié doit être notre partage.

Éclats D'Espérance ~ *Les couleurs de l'humanité*

Elle ne craint jamais.
Ni ceux qui cherchent à duper.
Ni tempêtes ni ondées.
Elle calme les regrets.
Tend épaules pour te soulager.
Oui, elle a toujours tissé franchise et loyauté.

# Le Respect

Connaissez-vous le mot respect ?
Il désigne la force de liens soudés.
L'union de la franchise, de la loyauté.
Et tous ces cœurs drapés dans le sacré.
Le respect nous apprend à s'entraider.
A vaincre les bêtises avec clarté.
A donner de l'espoir aux yeux usés.
Par ces guerres, ces larmes et ces rêves achevés.
Le respect refuse d'humilier.
Il n'aime ni navrer, ni brimer.
Ni enfoncer les âmes brisées.
Le respect succombe à dame courtoisie.
Il s'incline et chantonne la poésie.
Écartant son univers de tout ennui.
Il est respecté par Dieu anobli.

## Paix, Que C'est Beau !

La paix, ma foi, c'est le bonheur
C'est la brise aux mille senteurs
C'est juste la céleste grandeur
Qui trémule les cœurs.
La paix, ma foi, c'est la joie
Dans le monde, sur terre, entre toi et moi
Ce sont ces gestes aimants
Et ces rêves volants.
La paix, ma foi, ce sont
Ces jeux d'enfants
La joie, les rires profonds
Et ces sourires parfumés de saisons.
La paix, ma foi, c'est le chant de l'allégresse
C'est ce ciel galonné de grandeur
Ce sont les gestes pleins d'amour et de finesse
C'est juste le partage, l'union et cette aube magnifique
qui s'annonce avec ivresse.
La paix, ma foi, c'est l'amitié
Cimentée par ces liens forts et sacrés
Ce sont ces mots, ces vers porteurs d'attrait
Qui s'enlacent dans un azur parfait.
La paix, ma foi, c'est bannir la guerre
Comprimer le faux, la misère
Semer d'amour toutes les terres
Et brisant les remparts des frontières.

## Peace, How Beautiful It Is !

Peace, indeed, is happiness.
It's the breeze with a thousand scents,
Simply the celestial greatness
That makes our hearts tremble.
Peace, indeed, is joy.
In the world between us,
It's those loving gestures
And dreams of a better tomorrow.
Peace, indeed, is
Children's games,
Deep laughter, joy,
And smiles scented with seasons.
Peace, indeed, is the song of joy,
That sky adorned with greatness,
Gestures full of kindness and finesse,
Just sharing, unity, and the magnificent dawn
announcing itself with intoxicating beauty.
Peace, indeed, is friendship
Cemented by strong, sacred bonds,
Words and verses carrying allure,
Entwining in a perfect azure.
Peace, indeed, is to banish war,
Suppress falsehood and misery,
Sow love in all lands,
And break down the barriers of borders.

Poem on peace.

# Mennadi Farah

Shards of Hope ~ *The Colors of Humanity*

## Tendre La Main
*Thème : Les principes de respect, tolérance et humanité.*

Une seule main ne peut rien faire, gesticuler peut-être, saluer, et accomplir d'autres actions qui ne se font qu'à moitié.

Les principes sont invariables, une donnée constante; ni le temps ni les conjonctures n'ont d'effet sur eux. Ils sont ancrés dans notre esprit et habitent notre âme. Ils sont rigides et ont plusieurs facettes, un bon guide pour esquiver ou se dérober aux maladresses.

Les règles de conduite sont une morale qui nous permet d'aimer l'argent, par exemple. Pourquoi pas ? Mais le vénérer, c'est assujettir ses envies et désirs à ses multiples vices. En avoir et se faire plaisir n'est ni interdit ni péché.

Le respect s'impose de lui-même, commençant par respecter sa personne, et naturellement considérer et honorer l'autre devient une règle d'or, une obligation pour lier et tisser des relations humaines saines.

La tolérance doit être une feuille de route. Pourtant, ce mot suscite beaucoup de réticences et d'hésitations. Mais elle est le fondement de toute cohabitation entre les humains.

Le racisme, un mot que je répugne, croît de jour en jour. Les droits de l'homme sont bafoués et pris au dépourvu face à une marée humaine qui déferle sur les rivages. La mer est désormais le symbole d'un fléau, un cimetière à ciel ouvert, l'Eldorado, quel leurre ! Si je crois en l'humanité ? Oui, fermement. Je prône la paix, je chante la fraternité, je vénère l'amour. Puissent-ils proliférer dans le monde, car ils sont un piédestal pour toute société qui se veut civilisée.

Ce que je veux est infini, ce que je peux faire est peut-être réalisable mais idéaliste. Je suis dotée d'une patience fabuleuse et d'une endurance illimitée.

On apprend vite, mais on oublie très vite. On comprend mieux lorsque l'humain est en duel avec ses déboires.
La vie nous a initié à présager et à comprendre, mais nous laisse sans arme face à l'inattendu."

# La Paix En Otage

Si vous croisez l'humanité, faites-lui signe.
Je ne trouve plus ses terres.
Elle a fui toute la laideur et l'enfer.
Peut-être la trouvez-vous dans les cœurs dignes, ou chez les enfants victimes de leurs âmes et corps aux enchères ?

Si vous croisez l'humanité, faites-lui savoir qu'à la guerre, gare à ceux qui n'adhèrent qu'au conflit et aux violences crient victoire. Tous exhibent armurerie et pouvoir feu et tonnerre illuminent le noir, le monde sans elle n'a plus de repères.

Si vous croisez l'humanité, faites-lui parvenir un message, un cri de la paix séquestrée, un monde d'innocence exilé.
Des hommes aux cœurs d'acier.
Des corps mutilés, calcinés.
Cauchemars ou mirages ?

Si vous croisez l'humanité, dites-lui que nous l'attendons, pour panser les cœurs meurtris, semer l'amour et la sympathie, répandre l'espoir et la vie, chez l'être qui détruit et construit.
Nuit et jour, on espère et on prie.

## Sos Enfance

J'aime l'innocence, J'aime l'enfance sans insouciance, ni tabous ni sexisme ou dogmes sociaux.

Triste est l'enfant déjà adulte à jeune âge sans savourer la quiétude infantile bannie dans ses tréfonds. Malheur à celui qui rit de la naïveté, de la pauvreté et honte à ceux qui abusent de cette situation pour asservir une âme déjà affaiblie par son environnement... Les rêves en plein jour sont devenus un but tous les jours... une fuite pour imaginer un monde meilleur peut-être maintenant ou plus tard et ailleurs. Les démunis connaissent la faim, c'est leur menu quotidien. Ils connaissent la douleur, celle de l'âme pleine de pudeur, Ils connaissent la souffrance, forgée en eux depuis leur tendre enfance...
Ils sont sans abri mais rient de tout et de rien pour alléger ce fardeau en attendant un éventuel bonheur... Leurs demeures sont en plein air et sans frontières...

## La Bonté

Être une bonne personne n'est ni surhumain ni fastidieux. C'est un don, être sans paraître, une somme de joie et de vouloir faire relative à chaque individu.

C'est une perfection innée faite de noblesse de l'âme et de la grandeur du cœur. Une bonne personne est celle qui a un esprit vaillant à tout moment, une valeur humaine propre à l'homme.

La bonté est la bienveillance, la compassion envers autrui. C'est considérer son prochain sans lui porter préjudice, œuvrant spontanément à contenter l'autre parfois au détriment de son propre intérêt.

L'altruisme, l'indulgence, l'amabilité et la générosité pour ne citer que cela sont une richesse du cœur et de l'âme…
Heureux est celui qui les possède.

Être une bonne personne est un élan naturel envers autrui, plein de solidarité, sincère et n'a pas de prix, particulièrement dans les moments de souffrance.
Une bonne action est toujours récompensée et pleine de satisfaction pour celui qui l'exécute.

Une belle âme a une force morale qui la conduit à donner de son temps, prêter une oreille attentive, compatir. La bonté n'est ni à vendre ni à acheter, le riche comme le démuni peuvent la faire, elle n'a ni religion, ni couleur... ni frontières.

L'homme est naturellement bon et se doit de l'être pour cohabiter avec les terriens... les humains.

## Accepter L'autre

Ce n'est ni un droit ni une obligation, ce n'est ni une faute ni un préjudice. Accepter l'autre... c'est pénétrer les abysses qui le rongent, les troubles qui le meurtrissent à chaque instant de la vie, nuit et jour, laissant des séquelles béantes.

Accepter l'autre, c'est respecter son mutisme malgré lui, déchiffrer son langage codifié... celui de tous les laissés-pour-compte ou par ceux qui ont battu en retraite de tout ce qui a trait à la vie.

Accepter l'autre... c'est comprendre son rejet pour ce qui est beau et ce qui est laid. C'est s'abstenir de juger son refus, son dégoût pour l'autre ou sa marginalisation des conventions sociales ou morales.

Accepter l'autre... c'est considérer sa chute dans le néant, conserver sa quête pour son présent et l'aider à soulager son âme en suspens... c'est lui apprendre à s'accepter avec ses défauts et ses qualités.

Accepter l'autre... c'est l'incliner à accueillir sa personne avec amour et le protéger de ses démons.

C'est uniquement un geste d'humilité, plein de bonté et de pureté pour sauver l'autre. C'est uniquement une volonté sincère, un bénévolat, une action charitable pour l'homme envers l'humanité...

## Valeureuse Paix

Celui qui cherche la paix, la veut tout entière.
Ma quiétude n'a besoin ni d'armes ni de fer,
Ni bataillons ou tambours et bruit de tonnerres.
Elle est faite de sentiments nobles et sincères.


La paix n'est ni trêve ni pacte ou amnistie.
Elle se cultive avec tact et modestie.
Elle se répand partout sans contrepartie.
C'est une vertu qui n'a pas de prix.


La paix est dans nos abysses et dans les airs.
Elle n'a ni territoires ni frontières.
On ne peut la délimiter...on l'acquiert,
Sans contrat ou argent mais avec un savoir faire.

## Valiant Peace

Who seeks peace desires it all.
My peace requires neither arms nor iron,
Nor battalions, drums, and thunder.
It comprises noble and sincere feelings.
Peace is not a truce, a pact, or an amnesty.
People cultivate it with tact and modesty.
It spreads everywhere without quid pro quo.
It represents a priceless virtue.
Peace resides in our depths and the air.
It knows no territories or borders.
We cannot delimit it; we must acquire it,
Without contracts or money, but with know-how."

Shards of Hope ~ *The Colors of Humanity*

Éclats D'Espérance ~ *Les couleurs de l'humanité*

# Saliha Ragad
alias
# Khalice Jade

## Avec Mon Calame Bien Trempé!

J'irai dans les lointaines forêts défier les loups,
Ces féroces crocs sanguinaires.
Avec mes mots, je me battrai toujours debout.
J'écrirai la vérité avec mon calame affûté à ma manière.

Je traverserai la mer de sable dans le plus immense des déserts,
Narguant le plus terrible des sirocco, avec mes vers, unique arme.
Pour sécher aux enfants leurs larmes
Sur les joues de leurs hivers.

J'affronterai les vents, tempêtes d'acier,
Les écueils de la vie, je les briserai,
Sur l'océan tumultueux de l'existence,
Et mon encre tracera ma persévérance.

Je gravirai les montagnes, sommets majestueux,
Défiant l'obscurité, éclairant les cieux.
Les rochers escarpés, je franchirai,
Avec mon calame, chaque défi je signerai.

Au cœur des forêts, mystères enchantés,
Je dévoilerai les secrets, les contes entrelacés.
Les feuilles murmuraient mes vers,
Mon encrier sera le gardien des univers.

Avec mon calame affûté, je serai l'aventurière,
Parcourant les contrées, d'une plume fière. Les
épreuves, mes compagnes de route,
Mon encre, une étoile, guidant sans doute.

La Kahena, guerrière de mots, revient,
Guide des combattants du calame vers un destin.
Horizon lointain, où s'épanouissent les rêves,
Mon encrier, flambeau, dans la nuit s'élève.

## Échos De L'encre Rebelle

Sous la lueur des étoiles, je danse avec les vers,
Une poétesse engagée, plume en main, univers.
Chaque syllabe une épée, tranchant le silence,
Contre l'ombre des injustices, je clame la résilience.

Au creux des strophes, s'éveillent des révolutions,
Mon encrier, tel un nectar, libère les passions.
Les mots s'entrelacent, formant des rivières de sens,
Guerrière du calame, je défends l'intelligence.

Dans l'arène du papier, où les idées s'affrontent,
Je cisèle des vers, symphonie où tout se comporte.
L'encre coule, rivière tumultueuse de vérité, Je suis la gardienne du langage, en quête de clarté.

Chaque sizain, une épopée, un voyage en prose,
Je sculpte des mondes, où la poésie repose.
Guidée par la plume, je trace des destins, Poétesse engagée, mon chant est sans fin.

## L'essence De La Sérénité

Celui qui aspire à la paix désire un monde entier.
Nulle nécessité d'armes ou de métal forgé,
Ni troupes ni fracas, juste des cœurs légers,
Une quiétude faite d'émotions sincères.
La paix, loin des accords éphémères,
S' épanouit avec subtilité, sans barrières.
Une culture délicate, loin des guerres,
Une vertu inestimable, pure et millénaire.
Elle réside en nos profondeurs, dans l'éther,
Ni frontières ni limites à la lumière.
Elle se répand sans contraintes, sans barrières,
Une acquisition sans prix, un art d'hier.

## J'aspire À La Paix

J'aspire à la paix, un ciel d'azur étoilé,
Où les colombes blanches tissent des fils d'amour.
Mais dans l'abîme sans fond, notre monde s'est noyé,
Poètes impuissants face à la descente du jour.

Le déclin cruel, une toile en teintes sombres,
Marionnettes sourdes-muettes dans un triste égarement.
L'âme inébranlable se perd dans des ombres,Les vertus anciennes s'effacent, un triste tourment.

Je suis spectatrice du déclin, désabusée,
Psychologiquement altérée,
Ma pensée s'évade.
Les aurores souillées, une jeunesse égarée,
Errant au bord du précipice, l'âme en cavalcade.

Impuissante, je peins des lendemains radieux,
Illusion dans mes nuits sans sommeil, éphémère.
Les rêves insaisissables se dissipent aux yeux,Contradiction, peindre l'espoir dans la misère.

Dois-je endurer l'impuissance, le cœur écorché,
Face à l'oppression qui étouffe les âmes ?
Ma plume, arme du courage, le monde réorchestré,
Les leçons gravées dans le temps, échos des drames.

## Shards of Hope ~ *The Colors of Humanity*

Dans le dédale de ma mémoire, les héros résonnent,
Guerres et dépendances menacent l'innocence.
La vie ou la mort, un choix qu'on abandonne
À cette génération perdue dans l'ombre immense.

L'encre rouge coule, consignant la raison,
Scrupuleuse, elle scrute le temps qui s'écoule.
Anges incertains, nos enfants, quelle saison,
Dans ce monde où l'avenir semble un linceul, dans lequel on roule.

## Peut-Être Que …

Sur la route de l'ailleurs, où l'asphalte s'étire infini,
Peut-être, loin des horreurs, un nouveau matin fleuri.

Échappant aux chaînes de l'injuste, la quête commence,
Dissolvant les ombres, l'espoir s'élance, l'âme dispense.

Dans ce périple, le cœur résonne en symphonies rebelles,
Contre les injustices, ériger des remparts, des citadelles.

Les cris muets des opprimés résonnent en écho,
Sur la route de l'ailleurs, bâtir un monde plus beau.

Rêver d'un jour où la paix s'invite en chaque coin,
Où la fraternité devient un hymne, un doux refrain.

Prendre la route, non pas fuir, mais pour se révéler,
Porteur d'idéaux, d'un avenir à construire et sculpter.

Ensemble, tissons le fil d'une réalité transformée,
Car sur cette route, l'engagement est la clé dévoilée.

## Perhaps...

On the road to elsewhere, where the asphalt stretches infinitely,
Perhaps, far from horrors, a new morning blossoms.
Escaping the chains of injustice. the quest begins,
Dissolving shadows and leaping hope, the soul dispenses.
In this journey, the heart resonates in rebellious symphonies,
Against injustices, raising ramparts and citadels.
The silent cries of the oppressed echo,
On the road to elsewhere, building a more beautiful world.
Dreaming of a day when peace invites itself into every corner,
Where brotherhood becomes an anthem, a gentle refrain.
Taking the road, not to escape, but to reveal oneself,
Bearer of ideals, architect of a future to build and sculpt.
Together, let's weave the thread of a transformed reality,
For on this road, commitment is the unveiled key.

# Abdelghani Rahmani

Shards of Hope ~ *The Colors of Humanity*

## Gazaoui

L'enfant calciné, innocent, aspirait à un monde décent,

Naîtra corps incandescent,

Brillera la Palestine.

Ruines seront des jardins fleuris,

Belles roses inondant les prairies,

Ennemi, ses alliés ahuris.

Leur vie sera tourmentée.

## De Neige Et De Ciel

Neige, branches ciselées,
Verdoyante dans les jardins.
Seule, l'astuce a révélé
L'art des plantes du lavandin.

Belle cité des caractères,
Où tout l'art s'est réuni,
Qu'aucun intrus n'altère,
Le bouquet de mots béni.

Ciel azuré, éclairant
Aide l'herbe qui pousse
Sur les chemins délirants,
Matinée, folie rousse.

Sérénade, effervescence
Bat le souffle mélancolique.
Ressurgit convalescence,
Belles poésies bucoliques.

Mer, sa lumière déchaînée,
Ses eaux, ses vagues point de mire,
Bercent galets entraînés
Que l'astre veillant délivre.

## L'espoir

De mourir un peu, c'est... attendre.
Tout comme le cœur à se pendre.
L'idée de s'envoler jaillit,
Où la monotonie s'interdit.

N'espère rien de tant attendre
Si ce n'est que des rêves à prendre,
Tels ces mensonges effacés,
Office : affaires à classer.

Cela ne sert à rien d'attendre.
À qui parler, se faire entendre.
Se roulant à terre, à hurler,
Priant ? À quel saint se vouer ?

Rêve sourd à force d'attendre,
L'écho renvoie à s'y méprendre.
À soii-même de décider,
depuis ce fameux janvier.

Inaudible est la vie d'attendre,
Où la beauté à s'y suspendre.
Serait cet arbre ensoleillé,
Offert à l'œil écarquillé.

Envoûtantes douleurs... attendre,
Fascinantes espérances : prendre ;
Nous, la solution du soir
En nous, ce Moi : je suis... L'ESPOIR.

## Jour Audacieux

Innocent jour du silence,
Sous l'orage éclate,
Aube après les ténèbres,
Marchant vers les vagues frémissantes.

Les rayons célestes filtrent
Les matins de la rosée,
Où se mêlent les bruits du vent.
Combien de temps faut-il encore
Pour que le vent murmure
Sa douce voix tel le chant d'été
Des cigales affamées.

Sur les hauts arbres, les branches
Dansent d'un air à l'autre.

Le soleil chaud grelotte
Tandis que la neige ricane.

Que devenais-je triste
Lorsque j'ai lu le son de l'Histoire
Qui ne recule devant la vexation
Pour avoir soumis les rires
Aux mots pleureurs.
J'ai donné mes larmes
À ces vagues folles
Qui atteignent les montagnes
De Lalla Khedidja.

Comme pour nous surprendre
Et annoncer que l'orage
Éclatera dans son ciel clément,

Éclats D'Espérance ~ *Les couleurs de l'humanité*

Le rivage de la Méditerranée
Mouillait ses eaux
En empruntant au sable
Ses couleurs rosâtres, brunes.

Même au temps de Massinissa,
Les Temples l'ont reçu
Pour offrir à la géniture
La faucille et le blé
De nos champs d'orges, et les plaines Verdoyantes.

Il nous est contraint
De nous disperser
Afin d'atteindre l'auréole.
La musique tend son sourire,
Les enfants iront
Courageux, intrépides,
Quémander pieds-nus.

De village en village,
De hameau en hameau,
Le silence est brisé
Par la saute d'humeur
Qui a impacté
Le sol des aïeuls.

Jugurtha : Rome est à vendre.
La ténacité est à revendre.

## Hymne A La Paix

Dame Nature a belles surprises,
Dame Nature a horreur du vide.
De ses disparités, éparpille la brise
Du Savoir, et l'Homme en est avide.

Que savons-nous des différences?
Elles sont idées habitant nos veines :
Richesse de l'âme et essence
Se ressemblent : vieilles peines.

L'Homme ,tout un chacun diffère,
Dissemblances aux quatre vents,
Héritent les points de repère :
Timide, colérique ou paravent.

Il ne ressemble ni l'un, ni l'autre,
L'Humain a ses joies, son ire et sa vie.
Toute différence est belle rencontre,
Et les gens naissent, meurent ou en survie.

La différence guide qui parle à la vie
Lorsqu'elle naît, tout à fait novice,
Devient maîtresse de l'envie,
Procure émulation, lice.

Que crée la différence en nous :
Poésie, art, amour et romance,
Compassion, paix pour vivre.Elle nous
Enseigne l'acceptation, la tolérance.

Fructifions toutes nos dissemblances,
Ménageons protection et bienveillance,

## Éclats D'Espérance ~ *Les couleurs de l'humanité*

Acceptons-nous toutes différences
Car en elles se trouve la bienséance.

Gens du Coeur ! Unissons nos forces,
Engageons-nous dans l'aisance;
Et la paix sera magnificence.
Toute différence n'est qu'omniscience.

Paix !
La vie en toi est diversifiée,
Tes actions vivifiées.

Paix !
A l'Humanité, tu es Providence,
Inculque la morale, les sciences.

Paix !
Aux pauvres tu deviens force !
A l'orphelin annihile la souffrance.

Paix !
Ton monde est clarté !
Offres des ailes de joie, la sérénité.

Paix !
Étalé toutes les lumières !
Sur l'ensemble de l'Univers.

L'Homme juste n'a d'amalgame,
A toute divergence maladive : un terme.

## Hymn To Peace

Lady Nature holds beautiful surprises,
Lady Nature abhors emptiness.
From her disparities, scatters the breeze
Of Knowledge, and Man craves it.
What do we know of differences?
They are ideas dwelling in our veins:
Richness of the soul and essence
Resemble each other: old sorrows.
Man, each one differs,
Dissimilarities to the four winds,
Inherit points of reference:
Shy, choleric, or a shield.
He resembles neither one nor the other,
Human has his joys, his anger, and his life.
Every difference is a beautiful encounter,
And people are born, die, or survive.
Difference guides those who speak of life,
When it is born, entirely new,
Becomes the mistress of desire,
Provides emulation, arena.
What does difference create in us:
Poetry, art, love, and romance,
Compassion, peace to live. It teaches us
Acceptance, tolerance.
Let's, as humanity, nurture all our dissimilarities,
Provide protection and kindness,
Accept all our differences
For in them lies decency.
People of the Heart! Unite our forces,

Commit to ease;
And peace will be magnificent.
Every difference is omniscience.
Peace!
Life in you is diversified,
Your actions are vitalized,
Peace!
To Humanity, you are Providence,
Instill morality and sciences.
Peace!
To the poor, you become strength!
Alleviate the orphan's suffering.
Peace!
Your world is clear!
Offer wings of joy and serenity.
Peace!
Spread all the lights!
Through out the entire Universe.
The just man has no amalgamation,
To every malicious divergence: an end.

Éclats D'Espérance ~ *Les couleurs de l'humanité*

# Saada Djamila
**(RM)**

## Espérances Printanières
*"Sur les ailes du printemps"*

Profondément,
Au fin fond de moi,
Mes émotions,
Difficilement contenues,
Crient, tout mon désarroi
D'un monde meurtri,
D'une enfance par le mal vaincue.
Oh toi, humain,
Pourrais-je encore par ce nom t'appeler ?
Toi par qui tout le mal,
Se fait au nom de je ne sais quelle liberté,
Ou droit longtemps décrié,
Brandit,
Sur la tête des peuples opprimés.
Mes pensées,
À ces petites âmes, à qui le sourire,
Est devenu tristesse.
À qui la vie,
N'a donné que laideur et rudesse.
Mes vœux de justice,
Mon cœur clame.
Mes espoirs de paix,
Mon âme cherche.
Mes rêves de bonheur,
Mon être sollicite.
Pour eux, pour nous,
Pour vous petits bouts,
Que la vie,

N'a pas gâté,
Que le destin n'a pas osé,
N'a pas forcé.
Je vous dédie,
Mes espérances enrobées,
Parfumées d'un doux message,
Sur les ailes du printemps
Qui dessinera, écrira,
Sur les nuages, les plus beaux,
Les plus doux contes d'enfants.
Riez, jouez,
Mes chers petits,
Vivez votre temps, votre rêve.
Après tout l'espoir est,
Et restera humain.

## Pacifisme

"Pour un monde de paix et d'amour"
J'erre...
Dans mes pensées,
Puissent-elles me conduire,
Là où nul ne me blessera,
Là où la colère n'existera pas,
Là où la bonté sera légion,
Et encore plus, le pardon.
Où l'amour fleurit les routes,
Les sentiers, les vertes vallées.
Dans des pays où le printemps est éternel,
Où nul n'aura faim, ni froid.
Où les oiseaux feront leurs nids,
Sans avoir peur pour leurs petits.
Là où les cœurs ne pleurent jamais,
Et où les larmes seront de joie.
Là, sûrement, le mot guerre sera banni,
Ni exilé, ni orphelin, ni génocide,
Et où il n'y aura pas de tyrans.
Dans ces moments de pur bonheur,
De douce joie, et pleine d'ardeur,
Je me promets de tout donner,
Amour, tendresse, rire et sagesse.

# Hommage

"Pensée et tendresse Pour la Femme"

"Soyons la lumière qui inonde et trace le chemin de l'homme… Soyons bonté, et faisons brûler notre flamme pour ceux qu'on aime, tout simplement… Que toutes les femmes du monde se mettent la main dans la main pour former un barrage contre les guerres que se font les hommes !!!"

# Hommage

Je contemple ce beau visage
Qui m'a inspiré ces quelques mots
Qui se bousculent dans ma tête.
Essayant d'imaginer cette belle dame
Berçant son bébé, tellement beau et sage
Tout en préparant à manger, sans se fatiguer.
N'est-ce pas là une grande âme.
C'est là toute la femme
Pleine d'amour, pleine de tendresse
Cette femme qui a tant fait
Et de faire, n'a de cesse
À l'intérieure, en chef d'orchestre
De coin en coin rien ne passe
Sans que sa main y repasse
Telle une abeille, elle dépose
Son doux nectar
Sur chacune de ses fleurs en rose
Amoureusement, passionnément elle arrose
Cette femme qui a veillé
Et de bonne heure, s'est réveillée
Pour d'autres tâches s'est dévouée
Enseigner, guérir, confectionner
Et tant d'autres choses
Que je ne pourrais citer
C'est cette femme-là qui assurément
Mérite tout le respect, l'amour et l'affection.
Dites-moi comment ne pas aimer
Celle qui vous a mis au monde
Aimer, nourri, et dorloter

Dites-moi comment ne pas aimer
Celle qui a grandi avec vous
Partager les doux moments enfantins
Dites-moi comment ne pas aimer
Ce petit être si doux et frêle
qui est votre chair, votre fille
Dites-moi comment ne pas aimer
Celle qui a partagé sa vie
Avec vous, pour le meilleur et pour le pire
J'ai cité là la mère, la sœur, la fille et l'épouse.

## Tribute

"Thoughts and Tenderness for Women"
"Let us be the light that floods and paves the path for humanity... Let us be kindness, and let our flame burn for those we love, simply... May all the women of the world join hands to form a barrier against the wars that men wage!" R.M
TRIBUTE
I contemplate this beautiful face
That inspired these few words
Rushing through my mind.
Trying to imagine this lovely lady
Cradling her baby, so beautiful and wise
While preparing food effortlessly.
Isn't that a great soul?
That's the essence of a woman
Full of love, full of tenderness
This woman who has done so much
And ceaselessly continues to do
Inside, as a conductor
From corner to corner, nothing passes
Without her hand touching it again
Like a bee, she deposits
Her sweet nectar
On each of her rose-like flowers
Lovingly, passionately she waters
This woman who has watched over
And woke up early
Devoted herself to other tasks
Teaching, healing, creating

And many other things
That I couldn't list
It's this woman who undoubtedly
Deserves all respect, love, and affection.
Tell me how not to love
The one who brought you into the world
Loved, nourished, and pampered you
Tell me how not to love
The one who grew up with you
Sharing sweet childhood moments
Tell me how not to love
This little being so gentle and fragile
who is your flesh, your daughter
Tell me how not to love
The one who shared her life
With you, for better or for worse
I mentioned there the mother, the sister, the daughter, and the wife.

# Fayza Stambouli Acetani

Shards of Hope ~ *The Colors of Humanity*

# Les Jours À Venir

Les pluies sont passées, envisageons l'avenir
Avec optimisme et les mêmes sourires.
Ecoutons la nature, ses silences et ses dires,
Ses beautés, ses douceurs qu'il faut cueillir.
La vie est belle et folle à en frémir,
Ne laissons les cruautés et la haine l'enlaidir.
Laissons nos cœurs de générosité se revêtir,
Et à l'amour et à l'humanisme s'ouvrir.
Sur chaque étoile laissons nos âmes s'épanouir,
Et des chants divins et leur mystère s'enquérir.
Gardons nos sourires pour nous reconstruire,
Devant chaque jour que le soleil fait luire.
Ne laissons les tourments, les violences nous détruire.
Donnons-nous les mains dans la sincérité pour nous unir,
Et les frontières, les conflits, et les guerres tenter de bannir.
Les pluies sont passées, d'autres jours encore vont venir,
Retroussons nos manches pour travailler et les embellir
Dans la force des bras et des cœurs allons les accueillir.
Ecoutons nos passions, notre musique intérieure, nos délires,
Ecoutons notre sagesse, notre esprit, nos silences, nos désirs.
Faisons de la vie un fleuve long qui coule à n'en finir
Tantôt houleux, tantôt qui s'adoucit sous les notes d'une lyre.

L'union et l'amour triompheront toujours pour
affronter le pire.
Nos regards confiants, les sourires de nos âmes,
savent réagir,
Devant les détresses, les violences qui tentent de nous
détruire.
Libérons les colombes dans un ciel clair, que le monde
puisse guérir !

(Extrait du recueil : Cet ailleurs )

Éclats D'Espérance ~ *Les couleurs de l'humanité*

# Je Ne Sais Comment

Je ne sais comment mes pas m'ont prise vers toi
Toi qui fus longtemps sans visage et sans voix
Je ne sais pourquoi palpitent ces émois
Sur des contrées sismiques que seule je perçois
Je ne sais pourquoi jaillissent mes mots tendres et fous
Comme un automne rebelle que la révolte secoue
Et comme l'éclat d'un printemps chaud et doux
Quand se répandent ses fleurs aux multiples couleurs
Sur les cœurs épris de parfums baume sur douleur
Je ne sais pourquoi ces ondes mystérieuses
Qui bannissent les distances en communion frileuses
Le vent emporte mes questions étonnées
En fait des ritournelles et folles envolées
Puis les fait vibrer en tempêtes passionnées
Les réponses se suspendent aux fragiles nuages
Dans un ciel profond qui appelle aux voyages
Là où se tressent douceurs et tendresses
Pour fêter la fusion de deux âmes en ivresse
Entends -tu chanter la magie des saisons ?
Sur les notes mélodieuses des belles floraisons
Et valse la joie ! et valse l'émotion !
Sur la piste du temps en exaltation !

Extrait du reçu "Elans"

## La Terre Aspire À La Paix

Mes lueurs se réveillent chaque aurore,
Voluptueuses, fluides, frisson intense !
Couleurs ocre, orange, rose, bleu et or,
Portant entre leurs vagues l'espérance !

Mon regard s'ouvre rassurant, optimiste,
Et entre mes cils des notes de musique,
Que j'éparpille partout, chant altruiste,
Symphonie d'amour et de rêves lyriques !

Déployez vos ailes ô gracieuses mouettes !
Planez joyeuses, belles, au-dessus de la mer.
Apaisez par la douceur, la folie des tempêtes.
Je suis éreintée des violences et des guerres !

Sur mes montagnes et mes champs de blé,
Les épines sont semées et le sang a saigné,
Les femmes sont torturées, les enfants tués !
Je refuse les bombes, et les tombes alignées !

O vent des sourires pousse les voiles doucement,
Au-delà des horizons, vers les océans lointains.
Porte mes messages de paix, apaise les tourments.
Que le chant des colombes ne soit vain ni éteint !

Je suis votre terre, votre mère et unique abri sûr.
Unissez toutes vos mains pour me reconstruire,
Dans l'amour et la paix, la force fertile et pure.
Sur la haine et les ténèbres le soleil doit reluire !

Éclats D'Espérance ~ *Les couleurs de l'humanité*

# The Earth Aspires To Peace

My gleams awaken with each dawn,
Voluptuous and fluid, an intense thrill!
Vivid colors of ochre, orange, pink, blue, and gold,
Carrying within their waves the hope!
My gaze opens with reassurance and optimism,
And between my lashes, musical notes dance,
Scattered everywhere, an altruistic song,
A symphony of love and lyrical dreams!
Spread your wings, graceful seagulls!
Glide joyfully, beautiful, above the sea.
Soothe the storms with gentleness.
I am weary of the ceaseless cycle of violence and wars!
On our mountains and fields of wheat,
Thorns are sown, and blood has bled,
Women are tortured, and children killed!
I reject the presence of bombs and the creation of rows of graves!
Oh, wind of smiles, gently push the sails,
Beyond horizons, towards distant oceans.
Carry my messages of peace, appease the troubles.
May the song of doves not be in vain or extinguished!
I am your land, your mother, the only safe refuge.
Unite all your hands to rebuild me,
In love and peace, the fertile and pure strength.
Over hatred and darkness, let the sunshine!

Shards of Hope ~ *The Colors of Humanity*

Éclats D'Espérance ~ *Les couleurs de l'humanité*

# Allemagne

# Germany

# Nadia Daoud

Shards of Hope ~ *The Colors of Humanity*

# L'olivier

L'olivier
L'arbre de la paix
Symbole de pureté
J'aime te fêter
Chaque année
Tu es le roi de la vallée
Ramasser tes fruits
Bénis Entouré de ma famille
Quelle joie
Même dans le froid
Tu me nourris
Tu es survie
Je te savoure
De mille manières
À table
À l'ombre de tes Rameaux
Tu es fort
Toujours debout
Et fier
En été comme en hiver
Témoins de notre histoire
Symbole des hommes libres
Un trésor légué par nos ancêtres
Dont je suis si fière !

## Couleurs En Bordure De Mer

Assise sur le sable chaud
En bord de mer
Je trace de mon regard persistant
Une fin à l'horizon scintillant
Sous un soleil couchant
L'âme à mille lieux
Que dire
Que faire
De la boîte de Pandore ?
Tenace,
Je reprends mon crayon
Dessine un sourire
Autour de mes lèvres
Au fond de mes yeux
Et vais en errance
Dans les jardins de mes rêves
Cueillir des fleurs écarlates
Courir après les papillons
Les coccinelles
Pour leur emprunter
 Des couleurs
À mettre dans
Mes lendemains meilleurs...

Contre les rochers
Les vagues fracassantes
Me rappellent l'heure
De rentrer
Juste une nuit

Et je reviendrai recommencer
Pour m'inventer
Sous un ciel rose
De clémence
Une vie de douce romance...

# Être Soi

Tirer un dé,
Être l'aînée
Des filles
Une destinée
Faut-il encore
Sortir de l'ordinaire
Et vouloir
Tout faire
À sa manière
Dur caractère
Ne comprend pas certains rapports
Certaines tournures
Me faut du sensé
Pour adhérer
Pour me mirer
Dans cette flaque
Opaque
Combien même
Utopique est l'optique
Cependant âme tendre
Qui par amour
À sa mère
Transmutait
Son savoir-faire
Couture et culinaire
Brodait ses robes
D'un rouge éclat
Des roses au passé plat
Lui servait des îles flottantes
Mes dons et mes talents
Tendres idées innocentes

## Éclats D'Espérance ~ *Les couleurs de l'humanité*

D'une fillette
Aux longues nattes

Être l'aînée
Est le destin d'être
Au four et au moulin
Épaules frêles
Poussant des ailes
Deux réalités qui
Se heurtent et se percutent

Sur ma route
Semée de doutes
J'ai tracé ma feuille
De route
Enjambé conformisme
Et archaïsme
Et cultivé mon manifeste
Vaincre ou convaincre
Persuader ou dissuader
Au schéma inepte
Ne pas céder
Détourner des fleuves asséchés
Les ramener à la source
Pour que florissent
Des vignes dépourvues d'ivresse
Et jaillisse une vie digne
Être singulière
À part entière
Créer, susciter
Signer et persister
Empreinte digitale
Loyalement reflétée...

## Solo Face Au Piano

Je m'accroche à
Ton cou
Ton tempo
Tes sons Inaudibles
Que seule moi
Entends, comprends
Confidences satinées
Autour d'une danse exquise
Dans mes yeux soyeux
Tu prends note de tes notes
Et joues des symphonies
Et des balades célestes
De la pointe des pieds
Je grave sur le sol
Inondé de notre hymne
Scintillant de nos étoiles
Des toiles picturales
Traces de notre ivresse
Liesse d'un soir
Où tu étais la Note
Et moi l'Écoute !

## Mon Havre De Paix

Cueillir et humer des bouquets d'espoir
Se confier au bord du lac aux nénuphars
Les peindre
À la manière
D'un impressionniste Iris, lys tendres complices Je renverserai la notion du temps et de l'heure
Pour bannir l'attente
Et faire de mon futur un présent chaque jour
Il n'y aura ni départ
Ni retour
Pas l'ombre
D'un brin de nostalgie
Le matin, moudre des graines de café
Sans broyer du noir
Laissant échapper une dense fumée de rêves inachevés
Je ne veux pas défaire le monde pour le refaire
Mais au bord
D'un long fleuve tranquille
Vivre le mien…

## My Haven Of Peace

To gather and inhale bouquets of hope,
Confide by the lily pad-laden lakeshore.
Paint them
In the style
Of an Impressionist — iris, tender lilies as accomplices.
I'll overturn the notion of time and hour
To banish waiting
And make my future a present every day.
There will be no departure
Nor return,
Not a shadow
Of a hint of nostalgia.
In the morning, grind coffee beans
Without dwelling in darkness,
Releasing a dense smoke of unfinished dreams.
I don't want to undo the world to redo it,
But on the edge
Of a long tranquil river,
Live my own..."

Éclats D'Espérance ~ *Les couleurs de l'humanité*

# Belgique

# Belgium

# Marie-Cécile Bacquaert

Shards of Hope ~ *The Colors of Humanity*

Toi qui fus immortalisée comme le symbole de la paix,
En ce jour où l'on fête, ce qui devrait être chaque jour continuité.
Sois plus que jamais messagère de la paix… Un jour, tu es née des doigts et de l'âme de Picasso,
Lui qui fit de la paix son intime combat.
Va de par le monde faire comprendre aux grands de ce monde
Que tout un chacun a le droit d'être libre,
Et de vivre en toute sérénité, de pouvoir exister.
Fais que chacun accueille ton message,
Pour qu'il devienne un heureux présage.
Que chacun autour de soi soit porteur d'amour,
Pour qu'il se répande partout, jour après jour. Jolie colombe, vole, vole, vole,
Que nous puissions suspendre le temps,
Que tes bruissements d'ailes soient pour nous un présent.
Traverse chaque jour, chaque saison, les océans,
Que dans les cœurs et les âmes abondent la joie,
De ton message vibrant.
Sur terre, plus de haine, plus de guerre,
Mais dans nos cœurs que brille l'amour, c'est mon intime prière.

## Colombe De La Paix

Combien de vies perdues,combien de vies tombées
Pourquoi l'amour ne peut-il pas sur la haine triompher...
Combien d'orphelins de coeur à cause de ces chemins de l'horreur.
La fleur au bout du fusil, pour combattre dans ce monde de folie.
Dis envole-toi sur le monde, pour que l'amour y abonde.
Si les grands à la tête des pays,
ne faisaient pas de leurs frères, leurs ennemis,
il y aurait moins de cœurs meurtris...
Envole-toi colombe de la paix,
peut-être que le monde sera moins laid,
où tu passeras pour apaiser...
Si l'on mettait autant d'énergie à semer l'amour,
alors dans les âmes il se sèmerait toujours...
Vole, vole vers les champs de bataille,
pour que l'on dépose les armes
et que la vie sur terre, ne soit plus fait de larmes et de drames...

## Dove of Hope

"How many lives lost, how many lives fallen,
Why can't love triumph over hatred?
How many heart orphans due to these paths of horror?
The flower at the end of the rifle, fighting in this mad world.
Fly away into the world, so that love may abound.
If the leaders of nations didn't turn their brothers into enemies,
there would be fewer wounded hearts.
Fly away, dove of peace, perhaps the world would be less ugly,
wherever you go to bring solace.
If we put as much energy into sowing love,
then in souls, it would always grow.
Fly, fly to the battlefields,
so that we may lay down our arms,
and life on earth is no longer made of tears and dramas.

Shards of Hope ~ *The Colors of Humanity*

Éclats D'Espérance ~ *Les couleurs de l'humanité*

# Lou

# Mishel

Shards of Hope ~ *The Colors of Humanity*

# Espoir
*Thème : Espoir*

Les bras déployés aux bourgeons décorés
Annonce l'arrivée de l'été.....
Celui dans lequel, nous allons nous lancer
Les pieds nus sur l'herbe nouvelle
Se laisseront gambader en montrant les aisselles
Dénudées et charnelles

Ouvrons la porte au printemps qui l'annonce
De ses boucles d'or fleuries aux songes
Que nous ferons les yeux grands ouverts
Sur l'horizon d'un bleu outre vers
Du poète inspiré
Par nos éclats de rire déployés
Sur le vent frôlant nos pieds
Et nos cheveux battant les flots
Des rêveries de fous "barjos"

Le soleil nous fera chanter
Du lever du jour à la nuit tombée
Et sous la lune arrivée
Nous nous endormirons l'âme apaisée
Impatients de nous retrouver
Au nouveau jour de l'été

## Le Coeur
*Thèmes : Résilience, Espoir, Volonté…*

Il battait de ses ailes déployées sur de larges contrées
Puisant l'eau du bonheur sur son être déposé
Il battait de chamades le long du golf de sa bouche
Épuisant chacune de ses mains sur la peau qui se touche
Il battait sans répits et sans compromis
De son aisance fluide de frissons jolis
Il battait en entier sans de "Demain" se soucier
D'un éternel phosphorescent illuminé
Il battait à travers la houle des marées
Au delà des tremblements de terre dévastée
Il battait à contre sens et à fougue indécente
Remplit de l'ivresse insolente
Il battait encore quand le déluge emporta tout
Même à en devenir malade et fou
Il battait……………………………….
De saignée en saignée
De trainée en trainée
Encore il battait
Vaincu et à moitié mort
Au delà de l'ironie du sort
Il battait……………………………….
Par dessus sa plèvre écorchée
En dessous et au deçà de l'absurdité
Il battait……………………………….
Malgré les saisons qui s'enchainaient
Ne donnant plus aucun blé aux chants qui encore résonnaient
Il battait……………………………….

Mon coeur………….Cet air propulsé

# Des Ailes Aux Fleurs
*Thème : Espérance*

Des ronds de plumes sur peau de papier
Pour sécher les gouttes de sel sur yeux chagrinés
Des bulles de soie sur maux de cris
Pour alléger le mistral sur la vie
Des ailes de fleurs sur pétales de joies
Pour faire s'envoler les chagrins de leurs pas
Lourds du silencieux "Taire"
Qui se désordre d'amer
Des ronds de plumes sur peau de papier
Glissent par dunes d'une encre grattée
Des bulles d' amour  tissent une toile à la vie
Des ailes de vers à la poésie
Pour faire un hymne aux rimes qui sourient
J'écris, je crie, je m'écrie
J'aligne, je souligne, je m'indigne
J'exulte, j'exalte, je pullule et je signe
D'une encre ancrée sur la plèvre de l'entier
Cahier sans compromis aux grattoirs de mes pensées
Puisées au profond des émotions
Mises au net sans brouillon
Sur les feuilles de l'arbre en galion
Je jette l'ancre de mes vers sur votre horizon
Aimez!!! Aimez-vous
Allumez votre lumière
Donnez rendez-vous
A ceux qui ne trouvent aucune rivière
Faites des ronds , des bulles
Mettez des ailes aux fleurs
Que le bonheur pullule !!
Que nos lumières se mettent à l' heure !!!

# L'amour

Flétrissures sur peau de chagrin
Se réconfortent de l'espoir du "Demain"
Possédant dans ses velours, des promesses
Nouvelles et pleines de délicatesses
Pour encore croire à tous les possibles
Au delà de l'horizon de l'impossible

Flétrissures sur peau de chagrin
S'en iront mourir dans les souvenirs "Ravin"
Pour laisser naître et fleurir
Un nouvel amour sans devoir en mourir
Ainsi coulent les amours nés pour périrent
En attendant le bleu " d'aimer sincère"
De le partager sur un chant de lumière
De son fougueux et talentueux mystère

Il faut avancer à travers, ciel, terre et mers
Se débattre sans répits encore et toujours
Être prêt quand le grand jour
Se déclarera d'un seul coup sans tonnerre
Juste un coup de foudre
Aux traînées enivrantes d'une poudre
Imperméabilisant les fenêtres de l'âme
De tout ce qui draine des larmes

Lorsque les flétrissures du chagrin disparaissent
Reste, la peau........Celle du coeur
D'une caresse se tissant de soie
Pour s'enrober de fils d'or d'émois

## Éclats D'Espérance ~ *Les couleurs de l'humanité*

Et se tanne de chuchotements
Pour briller au plus haut des firmaments

L'Amour...........Cette merveilleuse revanche
Sur toutes les pluies traversées à contre sens
Ce baume déplissant les flétrissures d'une peau
En mue de son chagrin
La caresse du coeur s'envole de l'âme au corps
Du corps au coeur et du coeur redevenu fort

## Si Demain

Si demain....
Le soleil me glisse des mains
Qu'importe le chagrin
Il y a toujours , un lever
Quelque part sur un chemin, un sentier
Un horizon qui va se rhabiller
Après d' illusions, s'être dénudé

Si demain....
La lune se met à érailler
Le voile d'un ciel étoilé
Qu'importe ce qu'il y a à repriser
Il y aura toujours un lever
Quelque part sur une voie lactée

Si demain....
Une étoile se meurt de ne plus brasiller
Qu'importe les pas effacés
Il y aura toujours un lever
Quelque part, où, je pourrais me déposer

En attendant, après demain
Et même son lendemain
Un nouveau jour et son lever
Puis, recommencer....

Tant que la vie ne cessera pas d'exister
Et puisque, le temps ne peut s'épargner

## Éclats D'Espérance ~ *Les couleurs de l'humanité*

Qu'il doit continuer à avancer
Il faut vivre comme si demain
Porte l'ultime promesse

Avec les deux mains
Tendues, depuis le cœur
Qui déjà, sourit d'ivresse
A l'idée de trouver le bonheur
Quand, arrive....Demain !!!!

## If Tomorrow

If tomorrow...
The sun slips from my hands,
No matter the sorrow,
There is always a sunrise,
Somewhere along a path, a trail,
A horizon dressing itself up
After shedding illusions.
If tomorrow...
The moon starts to fade,
No matter what needs mending,
There will always be a dawn,
Somewhere in a Milky Way.
if tomorrow...
A star dies, no longer sparkling,
No matter the erased footsteps,
There will always be a sunrise,
Somewhere, where I can rest.
While waiting, the day after tomorrow,
And even its tomorrow,
A new day and its sunrise,
Then, to start anew...
As long as life doesn't cease to exist,
And since time cannot spare itself,
It must keep moving forward.
We must live as if tomorrow
Carries the ultimate promise.
With both hands
Extended from the heart,
Already smiling with intoxication,
At the thought of finding happiness
When tomorrow arrives!

Éclats D'Espérance ~ *Les couleurs de l'humanité*

# Canada

Éclats D'Espérance ~ *Les couleurs de l'humanité*

# Louise Hudon

Shards of Hope ~ *The Colors of Humanity*

## Au-Delà De La Colline

Au-delà de la colline, il y a la ville.
Mes parents et moi, habitons le bidonville.
On parle de nos maisons de tôle misérables
En disant de notre secteur qu'il n'est pas agréable.

Un grand manque d'hygiène et pauvreté extrême,
Il est vraiment pathétique notre système.
Pourtant, personne ne parle d'un changement!
Voilà qu'on critique, sans aide, étrangement.

Cette impression de déranger par notre vie.
Ce sentiment de toujours parler de survie.
Aucun touriste n'a accès dans nos demeures.
Au cours des vacances, ils entendent des rumeurs…

Notre territoire augmente tous les six mois.
Les aliments se font rares dans mon chez-moi.
Mon père tente toujours d'aller travailler.
Fâcheusement, il n'est pas un homme choyé.

Des maladies suite à beaucoup d'épidémies
Et la plupart des enfants font de l'anémie.
Voilà l'histoire triste de notre vécu.
Là-bas, ils mangent bien et sont joliment
vêtus…

## Des Larmes Sur Notre Monde

J'aurais voulu vous dire que le monde est beau, que la terre n'est pas malade, que les enfants sont épanouis et heureux, qu'il n'y a plus d'agressivité et de guerres, que la colombe de paix peut se reposer, MAIS… Il n'y aura pas de poèmes sur ces sujets en ce jour d'octobre. Je me dois de rester positive, sans mensonges et en prônant la vérité.

Il y a tant de gens à déménager! Il faudra s'entraider, soutenir l'adaptation de ces gens.

Le pire est à venir. Lorsque cela arrivera, cinq minutes ou moins pour repasser sa vie en réalisant que nous n'avons pas assez dit « JE T'AIME »…

## Une Raison De Vivre

Ce n'est pas la seule, bien entendu.
Tous mes mots dans le vent sont suspendus
Pour un temps limité, cause technique :
Changement du système informatique.

N'ayez crainte, je vais vous revenir.
Composer pour vous reste mon plaisir.
Lorsque je suis lue, grandes émotions.
Je ne veux pas donner ma démission.

Plusieurs d'entre vous m'ont encouragée.
Messages essentiels toujours partagés.
Une réflexion pour la société
Et seule la mort pourra m'arrêter.

Combattre le racisme pour la paix,
Désirer le bonheur dans le respect.
Chercher la justice et l'égalité.
Regard primordial sur les qualités.

Un travail humanitaire important
Dans ce monde trop souvent inquiétant.
En pensant aux droits de tous les enfants,
Mes poèmes se veulent triomphants.

Merci chers lecteurs!

# J'ai La Peau Noire

Des guerres pour une couleur de peau,
Du racisme dans beaucoup de propos,
La colombe de paix va survoler
Les gens présents pour être consolés.

Quelle différence avec la peau blanche?
Je n'en fais aucune et je suis très franche.
On dit que Jésus avait la peau noire?
Recherches tentées changeant notre histoire...(*)

Inégalités, discrimination
Discours violents pour la domination.
Prônons l'égalité qu'ils méritaient,
Réalité qui demande respect.

☆☆☆

Note : blanche, noire, orientale... Peu importe la couleur de peau. Il n'y a pas d'inégalités entre les races. L'intelligence des individus varie d'une personne à l'autre.

## Le Message Du Vent Réclamant La Paix

Le vent a soufflé dans mon oreille.
J'ai tout entendu à mon réveil.
Il ne faut pas que le bruit m'effraye.
Ces éclairs remplacent mon soleil.

On dirait la nature en colère
Qui veut se montrer spectaculaire.
Qu'avons-nous fait pour la provoquer?
Pourquoi semble-t-elle si choquée?

Emporte tout jusqu'à ton blizzard…
Une peinture faite au hasard…
On peut reconnaître le GRAND NORD!
La vie semble agitée, rien ne dort!

Si, avec les guerres on détruit tout,
Ici, là, ainsi qu'un peu partout,
Il faut éteindre ces incendies,
Paroles sages, approfondies.


Paix Sur Notre Terre!

## The Wind's Call For Peace

The wind whispered in my ear, carrying the secrets of the world.
As I awoke, the world revealed its symphony, and I heard everything – the rustle of leaves, distant whispers, and the heartbeat of the morning.
Don't let the cacophony of life scare me.
In this moment, lightning replaces my sun.
It's like nature's anger.
Who wants to be spectacularly different.
What have we, as humans, done to provoke nature's wrath?
Why does she, the embodiment of nature, wear such a shocked expression?
Strip away everything until your blizzard...
A random painting of chaos and beauty...
In this chaos, you can recognize the BIG NORTH!
Life seems restless, and nothing sleeps!
Yes, wars destroy everything.
Yes, wars destroy everything, here, there, and everywhere.
These fires must be put out.
In times of turmoil, wise words are not just advice; they are thorough guides.

PEACE ON EARTH

Éclats D'Espérance ~ *Les couleurs de l'humanité*

# Cameroun

# Cameroon

Shards of Hope ~ *The Colors of Humanity*

# Abougambi Valentin

Shards of Hope ~ *The Colors of Humanity*

## L'Amitié
*Thème : Amour*

Ô l'amitié ! Que j'aime tant, et sur tes murs marbrés, j'ai gravé mon amour.
L'amitié est un trésor, l'amitié, mon essor. Quand mon amitié prend le dessus, je vois tout est possible aussi.
Elle me montre l'avenir qui me laisse dans le souvenir.
Elle a des mots qui chantent pour guérir nos différends qui détruisent nos âmes.

Ô l'amitié ! Que j'aime boire tes couleurs. L'amitié, mon trésor, mon consort, et mon essor.
Ouvre ton cœur si tu es dans les conflits.
Elle montre les bienfaits, comme un amour inconditionnel et un amour éternel.
Elle te montrera qu'elle existe, pour dire aux autres qu'elle résiste, et tu montreras qu'elle est inconditionnelle.
Elle soulagera ton cœur brisé, et tu oublieras ton ressentiment visé.
Tu sauras qu'elle est précieuse et qui pardonne.

Ô l'amitié ! L'amitié, mon trésor, mon consort, mon onde sonore.
Quand j'essaie de trébucher, elle essaie de m'empêcher.
J'avoue parfois je tombe, parfois je creuse ma tombe.
Mais elle m'éclaire de sa lumière, car elle a une vérité qui dépasse les frontières, une parole qui brille dans l'amour et qui apporte de l'humour.

Ô l'amitié ! Tes mots silencieux décrivent tous les cieux.
Mon cœur s'élance d'un sourire, entouré des mots qui font rire.
L'amitié est un guide, elle se veut attentive, avec une main tendue, un regard apaisant. L'amitié, c'est l'amour et l'émerveillement, c'est l'affection et l'acceptation, la force et l'amour.
Ô l'amitié ! Tu es l'ombre de mon humilité,
ô fleur de mon âme !

## Amour Céleste
*Thème : Amour*

À l'encre de cette plume, je voudrais célébrer avec ma flamme, te magnifier par des rimes pour en faire un rythme.

Amour céleste, c'est un amour inconditionnel, sauve des mots qu'il laisse tomber des souvenirs éternels. C'est un amour éternel, il a soulagé mon cœur qui était rempli de haines, et j'ai pu oublier mes rancœurs.

Amour céleste, les oiseaux chantent ta beauté, l'univers contemple ta sincérité. Désormais, je suis en toi.

Amour céleste, c'est un amour sans pareil, viens et arrose ma vie pareille, tu fais la joie du ciel.

Laisse-moi sentir ta présence, car tu es mon existence, ma vie telle une fleur qui est enveloppée de bonheur.

Amour céleste, un amour qui pardonne à ceux qui donnent cet élixir divin, voit le bien dans le mal et pardonne le mal.

J'ai besoin de cette lumière pour briller dans l'obscurité et marcher dans l'intégrité. Ton soleil qui montre ta lumière.

Amour céleste, c'est un amour sans limite qui accepte nos défauts. La guerre est son mythe, qu'il dirige avec des faits.

L'univers est son royaume qui ne laisse personne indifférent. Amour céleste, oublie nos différends.

Amour céleste, le soleil lui sert de couronne divine, la lune prétentieuse où l'amour paraît une bénédiction divine.

# Amour

Sous la prétentieuse lune où l'amour me paraît sombre, et sous mes yeux qui t'ont tendrement accueilli à bras ouverts, cet élixir divin dans une ombre alourdissant ma vie avec un arôme infini.

Ô la force de ton cœur est un trésor pour mon âme !

Sous l'ombre de cet arbre où ma main s'est tendue, je me suis exilé dans un chagrin en vain. Les larmes de mes yeux, comme une folle nue, franchissent mes plaisirs et ruinent mon lendemain.

Ô que la force de ton cœur soit un trésor pour mon âme !

Quand je dors, je te vois dehors, brillant dans mes sommeils comme un soleil de l'aube éparpillant sa flamme. Le vent des sentiments souffle entre mes orteils, et ton corps merveilleux en beauté tant m'enflamme.

Ô que la force de ton cœur soit une étoile pour mon âme !

Je t'écris avec amour d'eau fraîche, pour exprimer mes sentiments. Je veux juste t'aimer, pour écouter l'écho sonore de ton cœur. Et je laisserai des baisers sur ton corps, je veux juste t'aimer, comme dans un univers sans fin.

Éclats D'Espérance ~ *Les couleurs de l'humanité*

# Congo

Shards of Hope ~ *The Colors of Humanity*

Éclats D'Espérance ~ *Les couleurs de l'humanité*

# Bruno Prudence Kwete

Shards of Hope ~ *The Colors of Humanity*

# Aux Poètes

Ô Poètes, oh vous, les messagers des Dieux, Que s'élèvent vers les cieux

Sur les ailes de vos plumes, nos prières
Pour que finissent nos maux d'aujourd'hui comme ceux d'hier.

Dans ce jardin de l'humanité,
Des petites graines d'amour et de fraternité Devant ce fleuve de larmes et d'ennuis,
La terre vous appelle : illuminez sa longue nuit !

N'allez pas loin chercher
Ce feu qui brûle dans vos cœurs depuis l'éternité.
Prenez vos fleurs d'amour, offrez-les à cette humanité en errance,
Et qui a longtemps souffert de votre indifférence…

Rallumez les lumières éternelles!
Agissez, vous autres âmes immortelles!
La terre attend que revienne son bonheur : Fils des Dieux, messagers des Cieux, sonnez l'heure !

## To The Poets

O Poets, oh you, messengers of the Gods,
Let our prayers rise to the heavens
On the wings of your feathers,
So that our woes of today and those of yesterday may end.
In this garden of humanity,
With small seeds of love and fraternity,
Facing this river of tears and troubles,
The earth calls upon you: illuminate its long night!
Don't go far to find the fire burning in your hearts since eternity.
Take your flowers of love, offer them to this wandering humanity,
Which has long suffered from your indifference...
Rekindle the eternal lights!
Act, you immortal souls!
The earth awaits the return of its happiness:
Sons of the Gods, messengers of the heavens, sound the hour!

Éclats D'Espérance ~ *Les couleurs de l'humanité*

# France

Éclats D'Espérance ~ *Les couleurs de l'humanité*

# Sandrine Brotons

Shards of Hope ~ *The Colors of Humanity*

## Créons Alliance

Vers quel monde se tourner pour une paix régner,
Cerveaux dénués d'idées ? Ou bien argumenter ?
En nous gronde l'envie de crier que rien n'est fini,
Rabaisser l'ennemi, qui ainsi nous punit
N'y voyez de colère, juste une envie
de m'extraire,
De ce monde protocolaire aux sentences arbitrales
Dressons une seule voix, sans faire n'importe quoi
Surtout pas de tournoi, juste ouvrir une voie
Réunissons nos mots, croisons nos idéaux
Pour un même drapeau, rimons en concerto
Entendez-vous là-bas, l'amour rire, en écho
Brillant de mille éclats, quel plus beau cadeau
Donnez vie à vos plumes, nul besoin d'être poète
Revêtons le même costume pour une commune quête.
Il est temps à présent d'éveiller les consciences
Tout sera différent si l'on crée une alliance

pour un monde de paix

## Élevons Nos Voix

Allons-nous regarder ce monde s'écrouler
Où règne violence, où l'amour fait silence
Devons-nous adopter attitude bornée
Ou l'écho de l'enfance endure que souffrance

La haine, devons bannir, sagesse acquérir
Déshabillons notre âme en faisant briller flamme
Ensemble on peut agir pour un bel avenir
Stoppons amalgames, ne soyons pas infâmes

Formé d'un même écrin nourri à même le sein
Écoutons notre cœur, oublions les rancœurs,
Refaisons le chemin, qu'est-ce donc un humain
Redevenons acteurs vivons en bons penseurs

Nous ne sommes adversaires, repoussons barrières
Œuvrons pour un drapeau aux couleurs de la paix
Armistice parfaire, harmonie en bannière,
Qu'importe l'origine, on se doit le respect

Alors pour nos enfants de ce monde en tourment
Créons chaîne d'amour, semons en abondance
Quand d'autres librement bafouent vie indûment
Usons de nos atouts, et d'altruisme à outrance

(même si le mot paix est utopiste )

## Besoin D'Humanité
*Thème: humanité*

J'aimerais qu'en chaque parole
Bien avant qu'elles ne s'envolent
Viennent se poser sur l'épaule
J'aimerais qu'en chaque parole
Les actes ne soient pas frivoles
Enfermés dans des camisoles
J'aimerais qu'en chaque parole
Bien avant qu'elles ne s'envolent

Dans une attitude engagée
Loin des mots bien mal employés
Une présence orientée
Dans une attitude engagée
Usez un peu d'humanité,
Sérénité vous trouverez
Dans une attitude engagée
Loin des mots bien mal employés

Mais si vous trouvez difficile
D'impliquer vos émotions
Jouant rôle, d'âme docile
Mais si vous trouvez difficile
Arrêtez de faire l'affront
Entre nous il y a un pont
Mais si vous trouvez difficile
D'impliquer vos émotions

Retenez de manifester
Tendresse bien souvent faussée
Ce n'est pas un jeu vous savez
Retenez de manifester
Votre prévenance faussée
La confiance piétinée
Retenez de manifester
Tendresse bien souvent faussée

## Femmes Du Monde.
*Thème : Volonté*

J'aimerais un jour comprendre
Pourquoi entre nous ce fossé
Ainsi nos vies vouloir suspendre
Et nous priver de nos libertés

On aurait tant pu vous apprendre
Si vous aviez su écouter
Nous ne sommes pas que des offrandes
Des objets pour vous soulager

Combien de temps devrons-nous attendre
Et de nos esprits libérés
Partager nos causes, les défendre
Tous nos efforts additionnés

Femmes du monde, allez répandre
Vos envies et vos volontés
Votre existence ne doit plus dépendre
De leurs esprits forts étriqués

# Réveillons-Nous.
*Thème : Espoir*

Où sont ces sentiments que l'on expose au vent
Bousculés par le temps, se sont-ils effacés
Lors bien timidement en doux balbutiement
Payons-nous châtiment de nos erreurs passées

Faudrait-il qu'un instant pour que l'amour s'envole
L'on vous offre en présent, en faisant étalage
De tristes arguments pour briser l'antivol
Bien triste cependant, juste du bricolage

Les souffrances font fuir et les joies se refusent,
Comment reconstruire si mon âme est confuse
Un meilleur avenir, retrouver l'allégresse

Libérons tous nos cœurs, partageons le bonheur
Soyons les chroniqueurs d'une vie réussie
En regards enjôleurs, jouons diplomatie

## Awaken Us

Where have the feelings we exposed to the wind gone,
Jostled by time, have they faded away?
Gently in sweet stammering,
Do we pay the punishment for our past mistakes?
Should it take but a moment for love to fly away,
Offered to you as a present, displayed
With sad arguments to break the anti-theft,
Quite sad, however, it's just makeshift.
Sufferings drive away, and joys resist,
How to rebuild if my soul is confused,
For a better future, specify steps to rediscover joy.
Let's free all our hearts, share happiness,
Be the chroniclers of a successful life,
With enchanting glances, let's play diplomacy.

Shards of Hope ~ *The Colors of Humanity*

Éclats D'Espérance ~ *Les couleurs de l'humanité*

# Didier Caille

Shards of Hope ~ *The Colors of Humanity*

## Puzzle Humain

Toujours vouloir coller des étiquettes,
Mets-toi bien cela en tête,
Trop épris de liberté,
Simple pièce du puzzle Humanité !
Comment peut-on se réjouir
De voir tant de gens mourir,
Grand temps d'élever les consciences,
Stopper tout discours de connivence !
Tous ces gens bien au chaud ,
Dans des studios télé ou radio,
À digresser ; une guerre morale ?
Non, la guerre est létale !
La mort n'a pas de couleur,
Personne, le monopole de l'horreur,
À chaque fois la même chanson,
Bruits de canons et explosions !
Civils atrocement tués,
Qui n'ont jamais rien demandé,
Seulement vivre en paix,
Encore trop de cerveaux dérangés !
Sombres intérêts économiques,
La cruauté et l'orgueil s'agitent,
Batailles d'ego surdimensionnés,
Overdose de barbarie et d'inhumanité !
Guerre également sur les réseaux,
Chacun avance sa vérité,
Parfois avec des images truquées,
Pour leur propagande !
Tel un puits sans fond,

La haine enfouie au plus profond,
Les marchands d'armes et leurs cargaisons
Voient augmenter leurs productions !
Quelque soit la distance,
Chaque pièce a son importance,
Remplaçons peur, rancune et ignorance
Par la raison, l'amour et la tolérance !

# Imaginer

Tel un oiseau, majestueusement, en train de voler,
Imaginer la planète Terre contempler,
Verrais-tu les frontières tracées,
Celles par certains humains imaginées ?
Saurais-tu alors distinguer
Les bons, les mauvais ?
Ceux qu'on t'ordonne de tuer,
Pourtant, point tu ne les connais !

Tel un artiste peintre de talent,
Imaginer les couleurs seulement
Comme une simple palette de nuances,
Ne plus leur donner cette importance
Dans les rapports sociaux et humains,
Pour que l'espoir demain,
Fasse vibrer nos deux mains,
Emprunter un nouveau chemin !

Tel un innovant cuisinier,
Imaginer les yeux faire briller,
Des recettes remplies d'humanité,
Estomacs et esprits rassasiés,
Un melting-pot de saveurs,
Mélange de diverses couleurs,
Avec amour, générosité et douceur,
Insuffler des overdoses de bonheur !

Imaginer être un nouvel horizon,
Élargir son champ d'actions,

De belles ressources de création,
De magnifiques innovations,
Imaginer un nouveau monde,
D'inspirantes et magiques ondes,
Imaginer une route vaste et longue,
Imaginer à nous tous, il incombe !

## Imagine

Like a bird, majestically soaring,
Imagine contemplating planet Earth,
Would you see the drawn borders,
Those imagined by certain humans?
Could you then distinguish
The good from the bad?
Those you're ordered to kill,
Yet, you don't know them at all!
Like a talented painter,
Imagine the colors only
As a simple palette of nuances,
No longer giving them such importance
In social and human relations,
So that hope tomorrow brings,
Makes our hands vibrate,
Embarking on a new path!
Like an innovative chef,
Imagine eyes sparkling,
Recipes filled with humanity,
Stomachs and minds satisfied,
A melting pot of flavors,
A blend of various hues,
With love, generosity, and gentleness,
Infusing overdoses of happiness!
Imagine being a new horizon,
Expanding your field of actions,
Beautiful resources of creation,
Magnificent innovations,
Imagine a new world,
Inspiring and magical vibes,
Imagine a vast and long road,
Imagine it's up to all of us!

Shards of Hope ~ *The Colors of Humanity*

Éclats D'Espérance ~ *Les couleurs de l'humanité*

# Francis Cordoliani

Shards of Hope ~ *The Colors of Humanity*

## Contes De Noël
" La petite fille au ballon ".
*Thèmes : Compassion, générosité, bienveillance*

En ce jour de veille de Noël, ayons une pensée pour ceux qui n'ont rien et ne demandent rien d'autre qu'un bonjour ou un sourire en guise de cadeau de Noël .

Et disons nous que si chaque famille riche invitait un pauvre à sa table un soir de Noël puis chaque jour à suivre...

Nous pourrions triompher de la faim et de l'abandon et nous serions tous riches d'avoir au moins essayé de donner notre temps et notre coeur, en un véritable acte de foi .
......

Il Est Des Lieux Étranges
Où Les Êtres Animés
D'une Semblable Ferveur
Peuvent Toujours Se Rencontrer

Non Par Le Simple Truchement Du Hasard
Mais Parce Que L'amour Les A Reconnus Puis Réunis…

# J'aime Les Gens !
# Ils Me Le Rendent Bien
*Thèmes : Empathie, compassion, générosité.*

Je ramasse toujours les miettes
Pour donner à manger aux pigeons

Dans le parc qui est là pour ça
Je regarde celui qui dort sur le banc

Je le réveille de sa nuit d'orage
De la colère qu'il a de l'indifférence des passants

Je lui montre du doigt ...
À l'angle du square qui baille

La petite fille tenant en laisse des ballons

Il sait qu'elle est l'Amour ...
Il sait qu'elle tient son âme

Enchainée au hasard ...
Elle lui donne la main

Puis trébuche soudain !
Quand les ballons s'envolent ...

Pour étouffer ses larmes
Il la prend dans ses bras

La lumière s'éteint ...
En ce mois de septembre

## Éclats D'Espérance ~ *Les couleurs de l'humanité*

La terre boit la pluie
Et imprime son pas ...

Les parents de l'enfant
Apeurés du spectacle

Arrachent au vieil homme
Le fruit de leur union ...

Sans doute ont ils pensé
Que les bras du pauvre hère

Étaient là pour blesser
Leur petit ange blond

Il ouvre grand ses mains
Confus et misérable

Et retourne dormir ...
Sur le banc qui l'attend

Je le sais, je le sens !
Son rêve a commencé ...

Il revoit tout au fond ...
La plus grande clarté

Celle qu'il a tenue
Pour oublier sa peine

Une enfant égarée ...
Lui a donné son cœur

Les ballons envolés de la fête foraine ...
Sont autant de lumières qui retardent son heure

Lui donnant au matin la tendre envie de croire
Qu'en ce parc anonyme siège l'humanité ...

Ce banc est sa maison mais aussi sa mémoire
La vie s'est approchée pour montrer sa pureté !

J'aime les gens !
Je crois qu'ils me le rendent bien

Je ramasse toujours les miettes
Pour donner à manger aux pigeons ...

## Conte De Noël

" Apologie des contraires ".
*Thèmes, compréhension, amour. humilité, partage.*

"L'amour n'est ni genre ni espèce !
Il est don de soi, partage et transcendance".
...

- Vois tu l'ami !
J'ai accumulé une immense richesse !

Ma pauvreté et le plus grand dénuement m'ont
enseigné l'humilité
Au paradoxe m'ont enrichi ...

La sueur est l'argent des pauvres
Ils nous alimentent de leur savoir

Leur ultime vœu s'élève telle prière
En une simple nourriture et un don

Ce dont ils manquent pourtant le plus
Appelle notre considération et notre amour

En partage d'un franc sourire
En partage d'un unique Bonjour

Les larmes des pauvres sont le sang du travail
Le lait nourricier, le troc de leur pain

Elles exultent et ruissellent souvent
Sur les murs sales de notre indifférence

Elles nous signifient cependant
Que d'un semblable corps

Émane une semblable humeur
Face à face de troublantes détresses

Elles nous chantent que nul n'a plus soif
S'il recueille cette eau et la boit

Montrant à son frère sa compassion
La source vitale de sa présence

Parce que cela est un acte de Foi.

## Losanges
" Les marches de pluie ".
*Thèmes : Fraternité humaine, puissance de l'amour ,
inclusion*

Sans doute demain à force de métissage et de ferveur...
Les hommes pourront-ils comprendre que ce qui les unis n'a nulle couleur !
Comme l'esprit de Dieu, c'est étrange qui écoute seulement battre leur cœur.
......

Dans tes mains noires coule une eau blanche
Telle la couleur d'tes dents nacrées

Comme deux diamants en tes yeux dansent
Deux perles noires de blanc cerclées

Ma peau est claire la tienne ébène

Pourtant je sais au fond de moi
Que tu es bien ma sœur humaine

Quand j'ai eu soif tu étais là

- J'ai bu cette eau coulant d'tes lèvres
O ruisselante jusqu'à tes doigts

Je me souviens des sombres fièvres
Qu'tu guérissais par ta foi

## Shards of Hope ~ *The Colors of Humanity*

Matin tu couvais la naissance
De mon enfance sortant d'son nid

Tes doigts beurraient de fines tranches
De bon pain blanc souvent trop cuit

Les gestes déliés, un port de reine
Démarche féline et chaloupée

Tu t'en allais à la lune pleine
Longue gazelle effarouchée

Matin tel un soleil d'Afrique
En un sourire éclaboussant

Tu m'demandais d'ta voix magique
Si notre enfant pourrait être blanc

Le noir décore la lumière

Chacun de nous un jour est né
D'amour en une nuit ébène

À la même source de sang sucré

Blanches et noires dans le solfège
Doivent se marier afin d'créer

En un miracle quelques arpèges
Qui font la musique exister

- Je me souviens de mon enfance
Où tu fus ma tendre égérie

# Éclats D'Espérance ~ *Les couleurs de l'humanité*

Dans tes mains jointes coule une eau blanche
O terre d'Afrique mon cœur tu pris !

Dans tes mains noires coule une eau blanche
Telle la couleur d'tes dents nacrées

Comme deux flammes en tes yeux dansent
Deux diamants noirs de blanc cerclés

# Visions
" Alep la blanche "
*Thèmes : Souffrance. Conflits. Quête de la paix.*
*Préservation de l'humanité. Résilience*


Une Pensée Attristée Pour Tous Les Théâtres De
Conflits Qui Existent En Ce Monde Et Qui Voient
Mourir Non Point Ceux Qui Les Ordonnent Mais
Ceux Qui Y Vivent Sans Y Être Pour Rien .
....

Toutes les guerres se ressemblent, elles commencent
par un malentendu entre deux dirigeants et se
terminent par la déroute de leurs deux peuples .
Il n'y a jamais un gagnant et un perdant parce que les
vies fauchées ne repousseront plus .
......

Il n'y pas de guerres justes car aucune d'entre elles ne
peut justifier la mort d'un seul être vivant !
Et si vous vous voulez savoir s'il y a une seule guerre
juste ...
Demandez à ceux qui en sont morts !
.......

Je suis là tu me suis sans le savoir pourtant
Pourtant je suis là sans te voir et précède

Le cortège étrange des mots illuminés
Au loin des flammes oranges qui obsèdent

## Éclats D'Espérance ~ *Les couleurs de l'humanité*

Qui tuer ou mourir avant vivre sa vie
Et parler au hasard en notes qui déhanchent

Les sinueuses formes féminines des shrapnels
Déchirent la nuit rouge où rode la mort blanche

O Alep ville sainte où l'on croise la peur
Où les chars sont mariés à la folie des hommes

O Alep comment faire pour qu'aucun enfant meure
Ou faut-il réapprendre à être seul en somme

La liberté pourtant est un chant sans soldats
Le chant qui nous libère est parsemé de tombes

On entend seulement si l'on est encore là
Le cri des corbeaux noirs tous droits sortis de l'ombre

Ils rampent dans le jour et sont nés de la nuit
En un froid lupanar issus d'un mauvais rêve

Pourquoi sont-ils venus, là seule pleure la pluie
En ses larmes de sang qui saturent la terre ....

Syrie perle d'Orient, pays des ombres pâles
Derrière l'océan le son des canons parle

Ils sont tous là vengeurs à nourrir toute haine
Ils sont là pour l'honneur de la mort inhumaine

La paix est sanctuaire ici l'on se souvient
De la modernité de l'espoir du bon pain

Des prières d'Amour des plus grands de tes sages
Des rires des gamins des vieilles femmes hilares

Princesses égarées vrais paysages humains !

Je suis là tu me suis sans le savoir pourtant
Pourtant je suis là sans te voir et précède

Le cortège étrange des mots illuminés
Au loin des flammes oranges qui m'obsèdent .....

Lettre à un ange

## Visions
" Aleppo the White "

A saddened thought for all the theaters of conflicts that exist in this world and witness the death, not of those who order them, but of those who live there for no reason...
All wars are alike: they begin with a misunderstanding between two leaders and end with the defeat of both their peoples. There is never a winner and a loser because the lives cut down will not regrow...
There are no just wars because none of them can justify the death of a single living being! And if you want to know if there is one just war... Ask those who have died in it!...
I am here; you follow me without knowing it. Yet, I am here without seeing you and precede the strange procession of illuminated words. In the distance, orange flames obsess, who to kill or die before living one's life. And speak randomly in notes that sway the sinuous feminine forms of shrapnel. Tear through the red night where white death lurks.
O Aleppo, the holy city where one encounters fear, where tanks are wedded to the madness of men. O Aleppo, how to prevent any child from dying, or should we relearn to be alone in the end?
Freedom, however, is a song without soldiers. The song that liberates us is strewn with graves, one hears only if one is still there, the cry of black crows straight out of the shadow. They crawl in the day and are

born of the night in a cold lupanar born of a bad dream. Why have they come? There, only the rain weeps in its tears of blood saturating the earth... Syria, pearl of the Orient, land of pale shadows. Behind the ocean, the sound of cannons speaks. They are all there, avengers feeding all hatred. They are there for the honor of inhumane death.

Peace is a sanctuary; here we remember the modernity of hope for good bread, prayers of love from your wisest ones, laughter of kids, laughter of old, joyful women, lost princesses, true human landscapes!

I am here; you follow me without knowing it. Yet, I am here without seeing you and precede the strange procession of illuminated words. In the distance, orange flames obsess...

Letter to an angel.

Éclats D'Espérance ~ *Les couleurs de l'humanité*

# Philippe Correc

Shards of Hope ~ *The Colors of Humanity*

# Un Avenir Meilleur

Dans l'ombre de la nuit, lueur d'espoir s'éveille,
Pour un avenir meilleur, notre âme se recueille,

Un monde en transformation, où l'amour nous rend fort,
Où l'égalité et la paix seront enfin notre trésor.

Là où les enfants rêvent sans craindre l'avenir,
Où chacun peut s'épanouir, sans peur ni souffrir,

Un avenir radieux, où la nature reprend vie,
Où chaque être humain respire et s'épanouit.

Bravons les tempêtes, les vents de la discorde,
Ensemble, nous serons la force qui l'emporte,

Contre l'obscurité, la haine, la division,
Unis, nous bâtirons notre vision.

Oublions les barrières, les préjugés, les frontières,
Et tendons la main à nos frères et sœurs de la Terre,

Car dans notre diversité, notre richesse se dessine,
Ensemble, nous irons vers un avenir qui nous illumine.

Luttons pour la justice, pour un monde équitable,
Où chaque voix compte, où chaque être est capable,

De contribuer au bien, à la douce mélodie,
D'un avenir meilleur, d'une nouvelle harmonie.

Que notre rêve devienne réalité, une terre réconciliée,
Où la compassion et la bienveillance seront à jamais scellées,

Ensemble, main dans la main, nous bâtirons cette cité,
Pour offrir à nos enfants un avenir plein de clarté.

Dans l'unité et la solidarité, vers demain nous marchons,
Pour un avenir meilleur, où l'amour sera notre horizon,

Puissions-nous, de tout cœur, faire de ce rêve une réalité,
Et ainsi, écrire une nouvelle page d'humanité.

## Prière D'une Mère Sous Les Bombes

Au cœur des cieux où les étoiles pleurent,
À Gaza, terre meurtrie, l'amour demeure.
Une mère, forte, face à la nuit sombre,
Étreint ses enfants, trésors dans l'ombre.

Sous le ciel de Gaza, étoilé de douleur,
Une mère veille, son amour en lueur.
Malgré les bombes, l'obscurité qui gronde,
Son cœur résiste, à l'injustice répond.

Dans les ruines, elle chante une ballade,
Portant sur ses épaules un monde en cascade.
Ses bras, remparts contre les vents de la guerre,
Protègent l'innocence, flambeau de lumière.

Les cris des enfants résonnent en écho,
Au milieu des décombres, l'amour reste beau.
Elle murmure des rêves, des contes de paix,
Emportant leurs âmes dans un doux relais.

Sous les étoiles voilées, elle tisse des rêves,
Au fil de l'amour, là où la haine crève.
Son regard, comme une éternelle flamme,
Éclaire l'obscurité, rend l'âme calme.

Les larmes salées, mélange de tristesse,
Sur les joues des petits, la mère les caresse.
Elle peint des arcs-en-ciel sur le ciel blessé,
Rappelant que l'amour est plus fort que l'été.

## Shards of Hope ~ *The Colors of Humanity*

Les éclats de lune dansent dans ses yeux,
Porteurs d'espoir, même quand tout paraît vieux.
À Gaza, la mère sculpte des promesses,
Dans les cœurs de ses enfants, elle dépose des caresses.

Les ruelles détruites, témoins du désastre,
Mais dans chaque débris, l'amour prospère, sans astre.
Une mère, tisseuse de joie dans les décombres,
Enseigne que l'amour transcende les ombres.

À travers les vents de la nuit ensanglantée,
La mère chante des berceuses de liberté.
Elle nourrit ses petits de paroles d'espoir,
Élevant des ailes, laissant l'amour s'asseoir.

Sous le ciel de Gaza, étoilé de détresse,
La mère résiste à la cruauté, à la tristesse.
Elle guide ses enfants vers des lendemains purs,
Cultivant l'amour au cœur des blessures.

À Gaza, l'amour maternel est une boussole,
Naviguant à travers les mers, même quand tout s'effondre.
Dans les éclats de la nuit, la mère demeure,
Une sentinelle d'amour, malgré les heures.

## Éclats D'Espérance ~ *Les couleurs de l'humanité*

Au cœur du monde, où l'ombre épaisse s'étend,
S'épanouit un rêve, un doux souffle d'espoir.
Tel un phare céleste, l'éclat qui vient ce soir,
Guide les peuples unis, vers des jours plus ardents.

Sous le manteau des cieux, l'espérance émerge,
Comme une fleur timide, elle s'ouvre au soleil.
Dans chaque regard, l'éclat d'un arc-en-ciel,
Réchauffe les cœurs, apaise les désirs diverges.

Que les frontières fondent, que les mains se lient,
Dans la danse universelle, où l'amour se déploie.
Là où la peur s'efface, où l'on sème la joie,
Se tisse l'avenir, où l'unité se délie.

Au fil des jours qui passent, l'espoir persiste,
Comme une étoile fidèle, éclairant nos chemins.
Malgré les tourments, les épreuves sans fin,
La flamme intérieure dans chaque cœur subsiste.

Que l'espérance soit le chant de nos vies,
Mélodie universelle, tissant des liens fraternels.
Au creux de la nuit, elle éclaire les tunnels,
Offrant aux âmes l'étreinte douce de l'infini.

Ainsi, dans l'horizon des rêves partagés,
Les peuples du monde avancent, main dans la main.
L'espoir, douce lumière, guide leur destin,
Vers un avenir où l'amour est célébré.

# Paix

Plumes de joie,
Éclats d'harmonie,
La guerre enfin éteinte,
S'éloigne, ombre lointaine.
Regardez, peuples frères,
L'horizon d'une ère nouvelle.
Main dans la main, reconstruisons,
Un monde de paix qui rayonne.
Là où la haine s'efface,
S'épanouit la fraternité.
Les rivières de l'entraide,
Courent, unissant nos cœurs.
Sous l'ombre d'un olivier,
Symbole de paix retrouvée,
La colombe déploie ses ailes,
Messagère d'un bonheur partagé.
Osons rêver ensemble,
D'un avenir sans douleur.
Cultivons la tolérance,
Écrivons la danse de la vie.
Vivons enfin,
Libérés des chaînes,
Peuples unis,
Ensemble, souverains.

Éclats D'Espérance ~ *Les couleurs de l'humanité*

# Peace

Feathers of joy,
Bursts of harmony,
War finally extinguished,
Receding, a distant shadow.
Look, brothers and sisters,
The horizon of a new era.
Hand in hand, let's rebuild,
A world of peace that radiates.
Where hatred fades away,
Fraternity blossoms.
Rivers of assistance flow,
Uniting our hearts.
Under the shade of an olive tree,
A symbol of rediscovered peace,
The dove spreads its wings,
Messenger of shared happiness.
Let's dare to dream together,
Of a future without pain.
Cultivate tolerance,
Write the dance of life.
Finally, let's thrive,
Freed from chains,
United peoples,
Together, sovereigns.

Shards of Hope ~ *The Colors of Humanity*

Éclats D'Espérance ~ *Les couleurs de l'humanité*

# Lisette Dejean

Shards of Hope ~ *The Colors of Humanity*

## "Et Au Bout De L'exil, Il y a la Frontière "

Ils s'en vont pas à pas ils s'enfoncent au coeur du désespoir
Laissant là le beau pays de Canaan
Laissant la terre de leurs ancêtres  leur tombe  leur maison
Ils marchent sans espoir
Dans ce piège entassés les voilà
Enfants  jeunes  vieux  malades
Sans eau, sans  pain, ils marchent dans le désert .
Terre  ciel  pleurs  souffrances  mêlés
Religions   pouvoirs  défiant toute humanité .
......................

\* Chanson du film Exodus .

" Ils sont partis dans un Soleil  d'hiver
Pour effacer la peur, pour écraser la peur
Que la vie leur a clouée au fond du cœur
Ils sont partis en croyant aux moissons
Du vieux pays de leurs chansons
Ils ont pleuré les larmes de la mer
Ils ont versé tant de prières
Délivrez-nous nos frères
Délivrez-nous  nos frères ….."
...........................

Ils ont perdu la Terre de l'amour !
Ni pour l'un .
Ni pour l'autre .
Pour la Paix  .

## "And At The End Of The Exile, There Is The Border...."

They don't go step by step: instead, they plunge into the heart of despair, leaving behind the beautiful land of Canaan. Abandoning the land of their ancestors, their graves, their home, they walk without hope. In this trap, there they are — children, youth, old, sick — without water, without bread, walking in the desert. Land and sky, tears, suffering intertwined; religions, powers, defying all humanity......................
    Song from the movie Exodus.
" They left in a winter sun, aiming to erase the fear, to crush the fear that life has nailed to the depths of their hearts. They left believing in the harvest from the old country of their songs. They cried the tears of the sea and poured so many prayers: 'Deliver us, our brothers, Deliver us, our brothers.

............................

They lost the Land of love, not for one, not for the other, but for Peace

Éclats D'Espérance ~ *Les couleurs de l'humanité*

# Rémi Godet
alias
# Pilatom Remicasse

Shards of Hope ~ *The Colors of Humanity*

## La Rose Et L'Hiver
*Acrostiche : Toute rose est proie de l'hiver*

Tout est devenu calme au coucher du soleil
Ors pâles d'horizon, de jaunes et d'orange
Une douce torpeur juste avant le sommeil
Tranquille pénombre que plus rien ne dérange
En décembre l'hiver s'installe calmement

Refoulant l'avance de pâleur anonyme
Opium folâtre s'étiole doucement
Solitaire le dieu se trouve pusillanime
Endormi la journée, il sombre dans la nuit

Effaçant les couleurs vers les gris de l'ennui
Saturne ensommeillé, égaré dans son rêve
Tout semble s'arrêter qu'il soit midi, minuit

Pluie, crachins, le brouillard qui lentement se lève
Rares sont les oiseaux qui chantent le printemps
Ou quelques passereaux en quête de pitance,
Inquiets de voir l'épervier impénitent
En vol stationnaire, proie sous surveillance

Dentelles de rosée, et perles de cristal
Encensent la nature de beauté suprême

Légèrement voilée, un tableau magistral

Humeurs sucrées de givre et froidure d'extrême
Images sublimes, silence de l'instant
Vertiges de l'amour, des idées un peu folles
Esquisse du bonheur, un sourire éclatant
Rose de Noël cachée dans l'absidiole

# La Lune

J'aime les soirs de claire lune
Où l'étoile danse un ballet
En nos étreintes sur la dune
Perdues dans un émoi follet

La brise caresse ce désir intense
Pendant que murmure l'océan
Un chant d'adorable sentence
L'offrande de l'amant

Il est des nuits où s'opère la magie
Qui laisse s'échapper les fragrances
D'ivresse d'une âme non assagie
Un duo d'intenses fulgurances

## Histoire Du Large

Marche avec moi sur la grève de tes mots
Raconte-toi au creux de mes pensées
Tes souvenirs marqués, tes regrets égarés
Ceux que tu viens de retrouver en cherchant
Sans feindre de les vouloir rejeter, oublier

Vois ce soir comme l'océan est calme
La lune et les étoiles jouent sur l'eau
Nous accompagnant dans notre paisible quête
De vouloir le partage, de savoir qui nous sommes

Les vagues viennent s'échouer dans un clapotis
Avec des spasmes jusqu'au bout de la jetée
Gardant jalousement le secret de notre balade
Les affres, les bonheurs, douces amères confiseries
D'un passé bosselé, qu'il nous faudra emprisonner

Je te confierai en retour mes tourments
Ma valse à trois temps d'un mélo accordéon
Soufflant le chaud d'un désert cœur de pierre
Ou le froid sibérien de ce regard absent
De larmes enfermées qui sèchent d'intérieur

Viens, sur la plage aux sables mouvants
Marchons, dans l'eau où nos pieds se frôlent
A pleins poumons respirons et profitons
De l'air iodé d'un ersatz de liberté conditionnée

Une douce brise d'été caresse nos espoirs
Ravive cette envie de planer dans l'irréel
Caressant tes longs cheveux qui s'amusent
D'un imaginaire sans frontières, sans tabous

Partons sans coup férir vers le large là-bas
Je t'emmènerai dans ma frêle embarcation
Au bout de l'horizon ce lumineux amant
Je ramerai jusqu'à en perdre haleine
Vers des îlots bonheur où l'amour est roi

## Le Poète Et Sa Muse

Très épris de sa belle
Il ne vit que pour elle
Son cœur en somme
C'est celui d'un jeune homme

Il en a rêvé à l'envie
De cette âme sœur
Il la comble de bonheur
C'est l'amour de sa vie

Épris il lui fait la cour
Crie qu'il l'aime à la ronde
Un peu plus chaque jour
Bien plus que tout au monde

Ne riez pas mes amis
Aimer sa muse follement
C'est là son vrai paradis
Un amour vécu passionnément

# Lune

Mets moi la lune !
J'irai te la décrocher

Cache-toi derrière le nuage !
Mon souffle va le chasser !

Le fleuve en furie
T'empêche de passer
Alors je me jette à l'eau

Cette montagne
Cache ton beau visage
Je la franchirai d'un coup ´

En quelques secondes
Je réduirai en poussière
La muraille qui nous sépare

Les mers et océans
Si vastes ne sont rien
J'emprunterai les ailes
De mon ami l'albatros

Je viendrai te chercher
Perdue sur ton frêle esquif
Au milieu des éléments déchaînés

## Moon

Place the moon for me!
I will go and fetch it,
Hide behind the cloud!
My breath will chase it away!
The raging river
Prevents you from crossing,
So I dive into the water.
That mountain
Hides your beautiful face,
But I will overcome it in one go.
In just a few seconds,
I will turn into dust.
The wall that separates us,
The seas and oceans,
So vast, are nothing.
I will borrow the wings
Of my friend, the albatross,
And come to find you.
Lost on your fragile skiff,
In the midst of unleashed elements."

**Shards of Hope** ~ *The Colors of Humanity*

Éclats D'Espérance ~ *Les couleurs de l'humanité*

# Mustafa Jocelyn Leblanc

# Éclats D'Espérance ~ *Les couleurs de l'humanité*

Voyage dans mon âme je suis ton chemin,

Partage mes espoirs, je porte ta douleur

Autour d'un café, des rires et son odeur.

Je te tends l'olivier retenu dans ma main.

## Palestine
*Thème : Liberté/ Espoir/ Paix*

Écris un nom, écris un mot ! Palestine...ton nom est un échos qui attend la ligne du poème pour se lire.

En attendant, il se tord dans l'horizon des aspirations contrariées par l' ennemi d'un même parent, souffrances de sang mêlées à la source du même père.

Les nations de la nature dialoguent avec tes champs d' olivier, le vent caresse les fleurs
d' amandes et la pluie couvre de perles le front des tes enfants volants,

Le café à la cardamome se boit avec le sel de la mer et et le goût du désespoir…et pourtant aujourd'hui, ton nom s' est évadé du mythe qui te retenait captif pour retrouver, par la bouche de ton peuple, le récit d' une terre qui à la paix pour l'avenir, les chenilles de char écrasent ta mémoire, ton chant est étouffé par les murs et les bruits des bombardements, mais ton identité coule dans les veines des abeilles, dans l'eau du Jourdain, et se redessine dans l'écume des vagues de la Méditerranée.

Le sable du désert attache ton nom aux roches et aux ailes des perdrix, la colombe écrit un nouvel évangile par-dessus l'encre rouge des déclarations de guerre … Palestine, tu ne t'arrêteras plus sous des tentes ou des toits sans demeures, ta liberté est notre réhabilitation, le lien noué de notre humanité.

# Des Mots D'Attente

" Attendre, faire attendre.
Se tendre car le temps comprime les mouvements des aiguilles et la ronde des heures, alors j'étale, je colmate, tout ce vide sur les fissures déjà apparentes, la poutre du ciel laisse passer la lumière et les cris des épouvantes.

J'attends pourtant dans le silence,
j'attends malgré le vacarme et les circonstances qui ont fait de moi un sujet de tension, un témoin en attente d'une énonciation, d'un verbe étoilé sur le fond noir des nuits.
Le temps devient un instrument de torture et au tournant des rues, j'attends l'aumône d'une accalmie ou l'épiphanie d'une conscience qui démêlerait ma chevelure émaillée dans la touffeur d'un orage.

J'écris sur le bord d'un trottoir, dans le bitume brûlant d' un midi de Juillet ,
sur une table argentée d' un bistrot désuet,
au comptoir des ivrognes dans le houblon renversé,
je t'écris tout ce réel condensé, cette réalité sublimée que ton image a bouleversée."

## Palestine

Écris un nom, écris un mot ! Palestine...ton nom est un échos qui attend la ligne du poème pour se lire.

En attendant, il se tord dans l'horizon des aspirations contrariées par l' ennemi d'un même parent, souffrances de sang mêlées à la source du même père.

 Les nations de la nature dialoguent avec tes champs d' olivier, le vent caresse les fleurs
d' amandes et la pluie couvre de perles le front des tes enfants volants,

Le café à la cardamome se boit avec le sel de la mer et et le goût du désespoir…et pourtant aujourd'hui, ton nom s' est évadé du mythe qui te retenait captif pour retrouver, par la bouche de ton peuple, le récit d' une terre qui à la paix pour l'avenir, les chenilles de char écrasent ta mémoire, ton chant est étouffé par les murs et les bruits des bombardements, mais ton identité coule dans les veines des abeilles, dans l'eau du Jourdain, et se redessine dans l'écume des vagues de la Méditerranée.

Le sable du désert attache ton nom aux roches et aux ailes des perdrix, la colombe écrit un nouvel évangile par-dessus l'encre rouge des déclarations de guerre … Palestine, tu ne t'arrêteras plus sous des tentes ou des toits sans demeures, ta liberté est notre réhabilitation, le lien noué de notre humanité.

## Palestine
*Theme: Freedom/Hope/Peace*

Write a name, weave a word! Palestine... your name echoes, awaiting the line of the poem to be read. In the meantime, it twists on the horizon of aspirations thwarted by the enemy of the same kin, blood's sufferings mingled at the source of the same father. The nations of nature converse with your olive fields; the wind caresses almond flowers, and the rain covers the foreheads of your flying children with pearls. Cardamom coffee is savored with the salt of the sea and the taste of despair... and yet, today, your name has escaped the myth that held you captive, to reclaim through the mouth of your people the story of a land that harbors peace for its future.
Tank caterpillars crush your memory, your song is stifled by walls and the sounds of bombardments, but your identity flows in the veins of bees, in the waters of the Jordan, and redraws itself in the foam of the waves of the Mediterranean.
The desert sand fastens your name to rocks and the wings of partridges; the dove writes a new gospel over the red ink of declarations of war... Palestine, you will no longer seek shelter under tents or roofless homes; your freedom is our rehabilitation, the bond tied by our humanity..

Shards of Hope ~ *The Colors of Humanity*

Éclats D'Espérance ~ *Les couleurs de l'humanité*

# Martine Petit

Shards of Hope ~ *The Colors of Humanity*

# Éclats D'Espérance ~ *Les couleurs de l'humanité*

Tempête dans mon cœur
Tout chavire sans douceur
Le vent a balayé notre amour
Dans une agonie d'un jou
La pluie a remplacé mes larmes

Contre la vitre quel vacarme
Atteindre le soleil sans le toucher
Sentir la brûlure sur ma peau cachée

Douce la colombe de la paix
Ses ailes brisées à jamais
Espérer bientôt un renouveau
Que la colombe vole de nouveau

Le silence de la nuit me rappelle
Des attentes irréelles
Où comme une âme en peine
J'attendais que tu me reviennes
Aux souvenirs cachés de la veille

L'inspiration m'a quitté
Doucement le vent l'a emporté
J'ai entendu la porte claquer
Seul le chat est resté
Près de moi et m'a consolé.

## Storm In My Heart

A storm in my heart,
Without tenderness, everything capsizes.
The wind swept away our love,
On an agonizing day.
The rain replaced my tears.
Against the window, what a commotion.
Reaching the sun without touching it,
Feeling the burn on my concealed skin.
Gentle dove of peace,
"Forever broken were its wings."
Hoping for a renewal soon,
That the dove flies again.
The silence of the night reminds me,
Of unreal expectations,
Where, like a soul in pain,
I waited for you to return.
Hidden memories of that eve.
Gently carried away by the wind, inspiration has left me.
I heard the door slam,
Only the cat remained,
Beside me and consoled me.

Éclats D'Espérance ~ *Les couleurs de l'humanité*

# Saïda Ragad
alias
# Anaïs Sad

Shards of Hope ~ *The Colors of Humanity*

## L'Espoir

Dans l'écho tendre de l'âme qui espère,
Raison de vivre, douceur dans le frisson,
Chantons l'espoir, malgré la déraison,
Les songes caressent une paix sincère.

Toujours espérer, dans l'ombre légère,
Le monde en quête d'une rédemption,
Folie s'évanouit, sage transition,
Un jour viendra, l'univers salutaire.

Réalité vacille, pourtant persiste,
L'espérance, éclat d'une vie altruiste,
Au cœur du chaos, la paix subsiste.

"J'espère, j'espère", murmure le vent,
Que l'amour règne, que le monde entendant,
Vivre en paix sereinement .

# Hope

In the tender echo of the hopeful soul,
Reason to live; sweetness in the shiver,
Let's sing hope despite irrationality,
Dreams embrace a genuine peace.
Always hope in the gentle shadow,
The world in search of redemption,
Madness fades wise transition,
A day will come, a salutary universe.
Reality wavers yet perseveres,
Hope, a gleam of altruistic life,
In the heart of chaos, peace persists.
"I hope, I hope," whispers the wind,
That love reigns, that the world understands,
To live in peace, serenely.

Éclats D'Espérance ~ *Les couleurs de l'humanité*

# Christine Stièvenard-Demont

## Voyage
*Thème : Espoir, Espérance*

La flûte ondulait une douce mélodie
Qui berçait les voyageurs fatigués
Épuisés par leur course effrénée

Au sortir de la profonde forêt
Qui longeait la côte escarpée
Sur le bateau amarré-là
Ils étaient montés

L'esquif à présent fendait l'onde
Et les emmenait loin… très loin
À l'autre bout d'un monde
Hostile et incertain

L'enfant blond jouait jouait…
De sa flûte enchantée
Une mélodie sereine et apaisante

Il envoyait dans l'espace illimité
Des sonorités variées
Emplies de paix et d'allégresse
De quiétude et de tendresse

Les voyageurs se laissaient bercer
Retrouvaient leurs esprits
Petit à petit reprenaient goût à une vie
Qu'on avait voulu leur ôter

Et sans jamais se lasser
L'enfant emplissait l'air
De mélodies joyeuses et paisibles

Et le bateau voguait… voguait…
Toutes voiles hissées
Vent arrière gaillardement
Vers un avenir plus lumineux

Du moins telle était l'espérance…
De ces familles fuyant
L'innommable cruauté inhumaine…

## Marya, Arezzo, Salima, Zahra
*Thème : Bonté/ Solidarité*

Regard sombre et assuré
Vous bravez les lois dictatoriales
Qui vous interdisent à l'âge de douze ans
De pouvoir continuer de vous instruire
Comme vos frères et vos cousins…

Ignominieuse discrimination misogyne!

Au péril de vos vies
Vous vous retrouvez en cachette
Dans ces improbables écoles clandestines
Tenues par vos sœurs plus âgées
Pour quelques heures quotidiennes…

Vous voilà ensemble, fières et heureuses!

Bravissimo à chacune de vous,
À votre détermination !
Vous méritez notre admiration
Et notre soutien total,
Jeunes filles et femmes afghanes !

Chapeau bas ! ....

## Les Cigales Et Les Fourmis
*Thème : Solidarité*

Les cigales, n'ayant pu chanter tout l'été
Se trouvèrent fort dépourvues
Quand la bise fut venue

Elles allèrent crier famine
Chez les fourmis leurs voisines
Les priant de leur prêter
Quelques grains pour subsister….

Ces dernières leur demandèrent :
« Que faisiez-vous donc au temps chaud ? …»
-Au temps chaud, ne vous déplaise
Répondirent les cigales,
Au temps chaud,
Nous nous calfeutrions
Sans émettre le moindre son ! …

« Vous vous calfeutriez ? … »
S'étonnèrent les fourmis ….
« Eh bien, nous-mêmes, sommes restées
Sous la terre sans bouger
Et n'avons presque plus de provisions !

« Allons donc, amies cigales
Ensemble manifester notre colère
À ces humains qui font n'importe quoi
Et dérèglent le climat ! …

Venez avec nous
Et surtout chantez ….
Chantez…
Le plus fort….
Que vous pourrez ! …

## Ils Restèrent Ainsi Très Longtemps….
*Thèmes: Solidarité, bienveillance, espérance.*

Ils sont arrivés un matin
Les larmes aux yeux embués
Les vêtements quelquefois déchirés
Et le cœur brisé
Avec des ecchymoses au visage ou aux mains
Sous de rudimentaires pansements

Ils demeuraient debout
Immobiles tremblants
Tout près d'un feu flamboyant
Et ne disaient absolument rien

Ce dont ils avaient été témoins
L'horreur, l'indescriptible
Ce cauchemar de ténèbres
L'inconcevable
Ne pouvait pas se raconter
En avoir échappé restait un mystère

Les tasses de thé et de café ont circulé
Dans leurs mains tremblantes
Le regard hagard des plus âgés
La méfiance des plus jeunes
Sur le qui-vive au moindre bruit
Dans un silence nécessaire était pesant

Ils restèrent ainsi très longtemps…
Indéfiniment…

## Éclats D'Espérance ~ *Les couleurs de l'humanité*

Quelques-uns parvinrent à s'asseoir
Des heures se sont écoulées
Longues et interminables
Où les sanglots s'étouffent
Dans ce silence bien éloquent

Soudainement de là émerge
Un murmure harmonieux
Que leurs oreilles reçurent telle une improbable caresse
Puis la voix s'étoffa et se mit à chanter
D'abord à mi-voix, puis plus fortement
Bientôt et petit à petit… D'autres voix
Reprirent le chant…
Rapidement ce furent toutes les voix
Qui entonnèrent ce chant amplement

Initié par cette enfant de sept ans
Dont les guenilles en disaient long….
Comme une étincelle d'espérance
Que la lumière pouvait renaître
Et triompher de la nuit
La plus glaciale
Et vaincre la noirceur la plus totale….

## L'arrivée De La Paix

Elle était là toute proche
Lumineuse et radieuse
Comme cette route à leurs pieds
Au bout de laquelle s'étalait un horizon flamboyant

Envers et contre tout
Leur force de vie sans égale
Isolés ou en petits groupes
Venant de tous les coins de la terre
Les uns derrière les autres
Ou bien côte à côte
Se tenant quelquefois la main
Ils avancent vers cette lumière…

Après des heures, des jours, des semaines de voyage
Ils arrivaient au lieu de rendez- vous…
Cet espace était grandiose
Des cercles concentriques et infinis
Étaient formés d'une multitude de personnes
De tous horizons de tous pays

Balayés les regards de haine
De rancœur
De rivalité
D'amertume
De méfiance
Tous et toutes s'installaient
À même le sol,
Respectueux, bienveillants et chaleureux

# Éclats D'Espérance ~ *Les couleurs de l'humanité*

Au centre des cercles concentriques
S'élevaient trois grands feux...
Bientôt un silence prodigieux s'installa
Une voix alors s'éleva
Simultanément traduite en plusieurs langues :
« Bienvenue à vous tous et toutes aux assises de la
Paix Mondiale Universelle !
Nous allons commencer ! ... »

## The Arrival Of Peace

It was right there, so close,
Bright and radiant, like the road beneath their feet,
At the end of which stretched a flaming horizon.
Against all odds,
Their unparalleled strength of life,
Isolated or in small groups,
Coming from all corners of the earth,
One behind the other or side by side,
Sometimes holding hands,
They advanced toward that light
After hours that turned into days and weeks of travel,
They arrived at the rendezvous point
This grand space, expansive and awe-inspiring,
Concentric and seemingly infinite circles,
"Formed by people worldwide, representing diverse walks of life."
Swept away by a newfound understanding were the looks of hatred,
Of resentment, of rivalry, of bitterness, of mistrust.
Everyone settled right on the ground,
Respectful, kind, and warm.
In the center of the concentric circles,
Three large fires rose
Soon, a prodigious silence settled,
A voice then rose, simultaneously translated into several languages:
"Welcome to all of you to the World Universal Peace Conference!
Let's begin!..."

# Pascale
# Mège-Monier

Shards of Hope ~ *The Colors of Humanity*

## Pétales Et Colombes ...

Et je cueille un bouquet
de fleurs et de pensées
laissant au vent léger
le soin de les emporter.

Ô pétales, partez et volez,
voyagez colombes de la paix,
messagères de vie, de vérité,
anges d'amour et de bonté.

Sur votre passage, répandez,
semez votre duvet immaculé.
La belle parole il faut redonner
parcourez toutes les contrées.

Mal, horreur, souffrance, le laid,
toutes misères devons effacer.
Il est temps, tout cela doit cesser,
chaque être a le droit d'exister.

Bonheur, amour et sérénité,
que de vivre soit dans l'égalité,
que chacun sache se regarder
préservant l'union, la fraternité.

Ô pétales et colombes, voyagez
sur terre, le ciel et l'immensité.
Aidez-nous à sauver l'inespéré,
que renaisse la vie, l'humanité.

Ô pétales et colombes, réussissez
là où l'homme semble échouer !

# Ô Miracle …

Miracle, je t'implore
miracle, je te supplie,
au nom de l'Humanité
les mains au ciel, à genoux,
au nom du plus précieux
au nom de la Vie
je t'en prie,
j'invoque ton aide
puisque des hommes aveuglés
ne sauront se calmer
poursuivant leurs actes diaboliques
rejetant et répudiant l'amour du prochain
pour le traduire
en œuvre de sang et d'inhumanité.

Écoute mes prières
pour mes sœurs
pour mes frères
et peu importe d'où ils soient
peu importe leur foi
exauce mon vœu,
abolit, éradique
tout ce qui provient de l'absurdité
de la cruauté,
de l'abject et de l'insensé.

Détruit tout ce qui naquit
de la haine inconsidérée,
incontrôlable
des haines odieusement engendrées

par des paroles illicites et incomprises
par ce besoin de possession
de pouvoir malsain.

Que le sang ne remplisse plus les sillons
abreuvant la soif des tyrans.
Plus de tapis empourprés
plus de vies enlevées,
volées,
assassinées, mises en charpie.

Au nom de qui,
au nom de quoi
ce déferlement outrageant
qui réduit en cendres
et pulvérise ce qui se doit de l'intouchable….la Vie ?

Aucun argument ne revêt de valeur
dans cet acharnement sanglant
à vouloir torturer,
décimer
infliger autant de souffrances.

Inculque la raison
à ceux qui n'en ont pas
aux cruels,
aux déments,
aux fous de guerre, d'intolérance
à tous les irrespectueux
de la Vie essentielle.

Que cessent les abominations.
Que les guerres,
les conflits,

les massacres, les tueries,
la barbarie
disparaissent enfin des livres de l'Histoire
déjà que trop lourdement entachée.

Que le sang ne se répand plus sur aucune patrie.
Que reste immaculée
notre Terre Mère,
que de ses moissons,
riches et fructueuses,
l'Amour et la Fraternité soient récoltés et partagés.

De l'Amour sur les chemins,
de l'amour les uns auprès des autres,
les uns pour les autres
sans distinction d'origines
ni de croyances.

Je crois aux eaux vives dans les ruisseaux….
 ….quand court et chante la Vie.

Ô Miracle,
 les mains au ciel, à genoux,
 je t'en supplie
 le temps presse !

Aide moi,
 aide nous
 à engendrer la Paix Universelle.

## Sans Utopie …

J'aimerais peindre un tableau,
sachez bien qu'il serait le plus beau.
Il ne serait ni petit ni grand,
resterait humble et pourtant.

Il contiendrait mille détails
sertis comme pièces de vitrail.
La lumière s'y inviterait
d'éclats de Joie le sublimerait.

À tue-tête il clamerait l'Allégorie
d'un monde tout fait de Poésie.
Un monde en Paix tout recouvert
de l'Amour dénué d'éphémère.

La Vie comme seule saison
foisonnerait de belles moissons.
Les bras ne sauraient qu'étreindre
sans redouter une ombre à craindre.

Mon projet se nomme Espoir
sans utopie, il faut y croire.
Il prendra vie mon paysage,
s'effaceront les sombres nuages.

## Volonté Pour La Paix.

Patrie et fratrie
le grand rêve s'est perdu -
la haine s'épanche

Amour seulement
le grand rêve revenu -
œuvre la sagesse


## Will For Peace

Homeland and brotherhood,
the grand dream is lost -
hatred spills over.
Love only,
the grand dream returned-works wisdom

Éclats D'Espérance ~ *Les couleurs de l'humanité*

# Axel Triolet

Shards of Hope ~ *The Colors of Humanity*

*Éclats D'Espérance* ~ *Les couleurs de l'humanité*

# Pour Octobre Rose
# " Il Est Encore Temps"
*Thème : Solidarité / Sensibilisation / Engagement…*

Moi pour octobre rose,
Je t'offre ce ruban,
Jadis c'était la rose,
Cela est perturbant,

Année particulière,
Tu as beaucoup souffert,
C'est ce sale cancer,
Dont il faut se défaire.

Encore un peu d'effort,
Pour garder ce turban,
Froidure dans le nord,
Il est très élégant,

Un corsage à fleurir,
Moi j'ai choisi le tien,
C'est pour te voir sourire,
À chaque jour qui vient,

Et en soutien aux femmes.
Pour un Octobre Rose,
Combat pour vous Mesdames,
C'est une bonne cause,

Récupérer des fonds,
Pour aider la recherche,

Mal qui fait légion,
Voilà ce que l'on cherche,

Ce sont les objectifs,
Ce combat est le nôtre,
Alors ces objectifs,
Peuvent être les vôtres.

## Dignité
*Thème: solidarité, engagement.*

Elles sont pour vous ces quelques lignes,
Car je crois que vous en êtes dignes,
La maman qui veille son enfant,
En attendant des jours triomphants,
Celle dévouée à son amant,
Qui se sacrifie entièrement,

L'homme qui dans sa chaise roulante,
Nous parle des étoiles filantes,
Et malgré son handicap sourit,
Solitaire dans sa vie pourrie,
La blessure qui reste en mémoire,
Bien enfouie en signe d'espoir,

Elles sont pour vous ces quelques lignes,
Car je sais que vous en êtes dignes,
À toutes, tous qui ont froid l'hiver,
Pour qui la saison est un calvaire,
Mais qui chaque matin sans vergogne,
Font et sans rechigner la besogne,

Elles sont pour vous ces quelques lignes,
Car je crois que vous en êtes dignes,
Celles, ceux, que je n'ai point nommés,
Qui dans ma tête son nominés,
Je vous dédie ce petit poème,
Et je vous offre la lettre M.

# Dignity

These few lines are for you,
For I believe you are worthy,
The mother watching over her child,
Awaiting triumphant days with a smile,
Devoted to her lover,
Sacrificing herself completely.
A man in his wheelchair,
Speaking of shooting stars with flair,
Despite his handicap, he grins,
Solitary in his life, but he wins,
The wound that lingers in memory,
Buried deep as a sign of hope.
These few lines are for you,
For I know you are deserving,
To all those who feel winter's cold,
For whom the season brings untold hardship,
Yet each morning without disdain.
They work tirelessly, enduring the strain.
These few lines are for you,
For I believe you are dignified,
Those I haven't named explicitly,
But in my mind, they're written vividly,
I dedicate this little poem to you,
And offer you the letter M.

Éclats D'Espérance ~ *Les couleurs de l'humanité*

# Liban

# Lebanon

# Hawana Mehri

Shards of Hope ~ *The Colors of Humanity*

## J'ai choisi la paix
*Thème : La paix.*

Je viens de loin, tout près de la terre.
J'ai laissé derrière moi la trace de mes pas.
Je suis forcée d'agir ainsi.

Pieds légers, cœur lourd de souvenirs.
Il fait beau sur la planète Terre.
Pourquoi la détruire?
Mon âme ne supporte pas les blessures.
Il est temps de vivre la vie que j'imagine.

J'ai pressé le jus du malheur.
Je n'attends rien de personne.
La tempête a arraché toutes mes branches mortes.

J'ai quitté ma maison,
Le cèdre de Dieu au Liban,
Le soleil brûlant,
La mer Méditerranée,
La rosée du matin
De l'été qui est beau.
La nature y est fière...

Québec, c'est la place que j'ai choisie.
La vaste forêt, la grande rivière.
Je vis ici avec l'espoir, la brume,
Cachant tous mes rêves d'enfance.

Pour survivre à l'hiver,
J'ai acheté des crampons,
Des mitaines, des bas en pure laine,
De la raquette à neige...
Car si vous pouvez marcher,

Vous pouvez marcher,
Raquetter aussi,
Mais la paix n'a pas de prix.

## La Force De La Vie

Il y a de la magie dans l'air
Chaque jour dans mon jardin.
Un trèfle à quatre feuilles,
Un après-midi des cigales,
Un jeune arbre tout jaune,
Des milliers d'oiseaux, de fleurs,
Sentent le parfum du jasmin.
La pluie de septembre vient de loin,
Câliner mes mains anéanties.
Le soleil est venu de loin
Pour réchauffer les cœurs mornes.
Un trésor, plus précieux que l'or.
Il y a de la magie dans l'air
Chaque jour, oui, dans mon jardin.

## Courage

Qui suis-je?
Je suis d'abord un être humain
Avec un cœur, des émotions,
Et de la peine à l'occasion.
J'ouvre grand ma porte
Pour laisser entrer la lumière.
Je fais confiance à demain,
À la bonté, à l'amour.

Est-ce que je suis équilibrée?
Dans tout ce que je fais,
Il y a toujours un fil d'étincelle
Qui éclaire mon chemin.
C'est l'amour de la vie.

Un homme,
Ça dépend du contexte où il a grandi.
Je me fie à mon intuition profonde
Sans peur de me tromper.
J'ai choisi d'aimer, plutôt que de haïr,
De créer, plutôt que de détruire,
De persévérer, plutôt que de lâcher prise,
D'agir, plutôt que de remettre,
De m'améliorer, plutôt que de rester sédentaire.

Mon ami,
Ne te rabaisse jamais.
Proclame ta rareté.
Et je refuse de penser noir,
Même si la planète bleue est dans le rouge.

## L'Espoir

Entre la terre et les montagnes
La nature exerce son charme
Le fleuve est vaste comme la mer
Les embruns ont un parfum de varech L'émeraude danse avec la vague

Le soleil part sans laisser de traces
Il fait ses adieux à la colère
Il cède sa place aux étoiles
La nature exerce son charme
Oui, et je suis émue jusqu'aux larmes.

Il faut de temps en temps s'égarer
Suivre, ami, le chant de la terre
Le rosier et le jasmin se fanent
Il faut ouvrir de nouveaux horizons

Il ne faut jamais cesser de croire
Oui, il existe un puits quelque part
La patrie, c'est bien plus que la terre.

Embruns (poussière de gouttelettes formée par les vagues)

Varech (ensemble des algues)

# La Paix

Mois de mai, sous le vol des oiseaux
Ah que le temps nous semblait si beau
Loin des bruits et des coups de canon
Le soleil vaste comme le ciel
Les nuages plus haut que les arbres

De l'autre côté de la frontière
Je voudrais nettoyer la terre
Semer l'amour et tuer la haine
Oui, tout le monde y trouverait
Des lilas, des pins, bouleau jaune.

Oui, j'ai choisi le chant de la paix
Fatiguée de parler de la mort,
Il n'y a ni temps, ni place pour ça.

## Peace

In May, beneath the flight of birds,
How beautiful the time seemed to us,
Far from the noise and the sound of cannons.
The sun, vast like the sky,
Its warmth embraces the earth,
Clouds, higher than the trees,
On the other side of the border.
In that distant land, I yearn to cleanse the earth,
To sow seeds of love and eradicate hatred.
There, everyone would discover
lilacs, pines, and yellow birch.
I have chosen the song of peace,
Tired of dwelling on death's discourse.
There is neither time nor place for that.

# Shards of Hope ~ *The Colors of Humanity*

Éclats D'Espérance ~ *Les couleurs de l'humanité*

# Maroc

# Morocco

Shards of Hope ~ *The Colors of Humanity*

# Belrhiti Alaoui Mustafa

Shards of Hope ~ *The Colors of Humanity*

## Jamais Trop Tard

Gaza fut prison à ciel ouvert,
Devenue, hélas ! Cimetière,
Désolé pour la population entière…
Disons-le au clair,
Échapper par la mer,
Autres galères,
C'est de l'injustice, c'est de l'enfer…
Humains sur terre…
Assez de souffrance et de misère,
La guerre est délétère…
Appel aux destinataires,
Soyez pour la paix volontaires…
C'est facile la paix,
Plus de terres occupées,
Que de choses huppées…
Les affaires prospèrent,
On oublie la guerre…
Palestiniens et Israéliens,
Qu'ils se tendent la main,
La cohabitation en commun,
Ne leur ferait que du bien…
La foi se maintient,
La paix dans les âmes revient…
Assez de torts et de morts,
Dieu seul est le plus fort,
Guide les efforts,
Pour épargner âme et corps…
Assez dit et parlé,
Assez de sang coulé,

Les humanistes sont désolés…
Ne croisons pas les bras,
Les deux peuples sont dans de mauvais draps.
Seule la paix conviendra,
Ce que l'optimiste dira…
Une fois la paix revenue,
Par le conseil de l'ONU,
Les bonnes résolutions les bienvenues…
On dit vaut mieux tard,
Même avec du retard,
La paix est le seul rempart…

## Est-Il Vrai …! ?

Peut-on mourir sans regret,
Laisser les affaires galérer,
Les héritiers se bagarrer … !
Un jour on partira bon gré ou mal gré
Toute la famille à peu près pleurerait….
Est-il vrai… ! ?
Mourir discret,
N'engendre,
Personne à pleurer,
Une mort à déplorer…
Est-il vrai… ! ?
Ceux qui disent : on pourrait,
Faire à la guerre l'arrêt,
Qu'ils le fassent sans regret…
Est-il vrai… ! ?
Que les humains frères sans frais,
Optent pour l'humanisme concret,
Se retrouver égoïste n'est pas un progrès…
Est-il vrai… ! ?
Qu'un chou fourré,
Apporte le goût espéré,
Qu'on oublie une fois désaltéré,
Le sens est figuré,
Que l'eau peut désaltérer…
Est-il vrai… ! ?
Que l'amour au pré
Apporte le frais,
Et fait marrer… !
Est-il vrai… ! ?

Que l'homme grégaire fasse arrêt,
De tous les décrets,
Qui interdisent les congrès,
Pour l'environnement et la forêt
Est-il vrai… ! ?
Qu'un innocent pour respirer,
La liberté inespérée,
Que la caution soit récupérée…
Est-il vrai… ! ?
On peut écrire sans arrêt,
Pour que la vie soit vraie,
Où tout humain soit adoré,
La bonté soit déclarée,
Les humanistes sont décorés…
Silence faites-vous garer,
Au cimetière tout près,
Solliciter que les morts soient honorés…

## Échos De Sagesse Et D'espoir.
*Thèmes : Espoir, sagesse.*

"Vers une Humanité bienveillante"
La sagesse en détresse,
Là où le bât blesse,
Elle est maintenue en laisse,
Personne ne s'y intéresse…
La mettre en liberté est une noblesse,
Prise en compte une prouesse…
Assez de malveillance,
La sagesse s'acquiert dès l'enfance,
S'estompe à l'adolescence,
À la vieillesse retrouve son importance…
Chatouille notre conscience,
Pour qu'on la pratique en permanence…
La sagesse se lit aux visages des sages,
L'amour la conforte davantage,
La haine avec elle en camouflage …
Qui dit sagesse dit gentillesse,
Pour l'humanisme une forteresse,
Les nobles du cœur s'y investissent
Les sadiques, indifférence et méfiance,
La méchanceté pour eux jouissance,
Ceux qui manquent d'indulgence,
Les côtoyer est une malchance…
Le Dieu fort de sa clémence,
Nous préserve de la déchéance…
Humains ! Garder un peu d'intelligence,
Bannir violence et souffrance…
Donner aux moins forts confiance,

Vous auriez de Dieu la récompense,
Le paradis en occurrence…
Amis à vous une confidence،
Les amateurs de la maltraitance,
Leur manque la décence,
Vivent la peur en permanence…
Ceci dit en eux pas de confiance,
Gardez bien vos distances…

## Non À La Violence

La violence n'est pas indispensable,
Pourquoi se rendre alors coupable !?
L'amour ne serait que formidable,
Une fois l'humain aimable…
L'amoureux consciencieux,
N'est jamais furieux,
Ne quitte pas le lieu, ne dit pas adieu…
Cherche l'entente,
Pour que la femme soit contente,
Le mieux à faire pas de colère,
Conforter le partenaire,
Aux erreurs faire l'inventaire.
Les amoureux disciplinés,
Leurs foyers jamais ruinés,
S'embrassent nuit et matinée…
Les couples civilisés,
Pas de cœurs brisés,
L'altruisme maîtrisé et favorisé…
Se sont les fous,
Qui enfonce le clou,
En jouant au flou…
Les plus sages évitent les dérapages,
S'aiment davantage…
Cherchent la conciliation,
Sans hésitation,
Plus de considération que de lamentation…
Se rappellent les bonnes émotions,
Ressenties à la première cession,
Où l'amour fut sans procuration,

On s'aime sans hésitation…
Avoir le bon réflexe, pas de complexe,
Le fautif ne serait que perplexe,
Faute du sexe…
Ceux qui tabassent,
Ne peuvent montrer leur face,
La prison est leur place…
Ils sont des insensés,
Pour avoir tout laisser,
Conjoint et souvenir du passé.

## Appel À L'humilité

L'humain tient son avenir entre ses mains,
Garantir au-delà du lendemain,
Pas besoin de biens…!
Avoir la probabilité d'une crédibilité,
L'humilité et la simplicité,
Les deux nécessaires à l'humanité…
Permettent aux uns et aux autres de se côtoyer,
Fonder l'entreprise et le foyer…!
Être humble une priorité,
Ne jamais mentir, dire la vérité,
Savoir pardonner est une qualité,
Comme d'ailleurs l'humilité…
À tous les citoyens de l'univers,
L'humilité aux affaires est nécessaire,
L'égoïsme et le racisme, pas salutaires,
Compromettent l'avenir humanitaire,
Destination ultime, l'enfer,
Au-delà sous la terre …
Dieu créa l'homme pour bien faire,
Se plaire et se distraire,
Personne ne dira le contraire…
L'humain qui a le flair,
Consolide les liens avec les frères,
Être de même pair, pas nécessaire…
Alors mes humains chers,
Qu'allez-vous faire…?
Éviter à soi et aux autres les galères,
Du feu et de l'enfer,
Adopter l'humilité sans commentaire…
L'humilité ainsi définie, l'égoïsme est fini…
À bon entendeur salut fraternel,
L'enfer et le paradis sont éternels…

## Appeal To Humility

Humans hold their future in their hands,
Ensuring a future beyond tomorrow,
No need for wealth!
Possessing the foundation of credibility,
Humility and simplicity,
Both are necessary for humanity.
Allow one another to coexist,
Establishing both enterprise and home,
Being humble is a priority,
Never lie, speak the truth,
The ability to forgive is a quality,
Just like humility.
To all citizens of the universe,
Humility in affairs is necessary,
Selfishness and racism are not beneficial,
Compromise the humanitarian future,
The ultimate destination, hell,
Beyond under the earth.
God created humanity to do well,
To enjoy and entertain,
No one will say otherwise.
The human with a keen sense,
Strengthens ties with fellow beings,
Being of the same kind is not necessary.
So, my dear humans,
What will you do?
Avoiding troubles for oneself and others,
From fire and hell,
Adopting humility without commentary.
Humility, thus defined as selfishness, concludes.
For those who listen, fraternal greetings,
Hell and paradise are eternal.

# Assia Ben Otmane

## Humanité, Saisis Ta Chance !

Par la plume, abdique l'épée,
Et sur l'ardoise se voit la trace
Du seul Mot venu ici camper,
Celui de "Paix" en toute grâce.

Depuis peu, le champ d'Arme
Est jonché de belles fleurs.
Semons ensemble et sans larmes,
Rendons tout l'Espoir à nos cœurs.

Humanité, saisis ta chance !

## Ce Migrant Est Jardinier

Dans une pluie de lumière,
Il se trouve l'outil où il respire.
Par la pureté des arbres,
Est la force transparente
Qu'il traverse...

Sa libération a pris les allures
Des cordes vocales de sa musique, Fredonnée par son âme,
Possédée par l'univers...

Mes idées révoltées
Se sont arrêtées depuis cette journée, Sur un brin dessiné du muguet, Échappé pour vivre mai en été.

Je connais : Une Belkiss qui tente de tisser les ficelles
D'un rêve pour lui entre anges et démons,
À l'admettre au règne simplement humain...

Aucun autre sourire n'est capable de faire Frissonner aussi fort la terre,
De cristalliser des eaux envahissantes,
Et de rendre les astres vertigineux.

Faire tourner les pages des continents,
C'est avancer contemplatif,
C'est se soumettre à une course
Précédant de mémoire...

Maintenant et jamais,
Nulle part et partout,
S'écrira son Histoire...

## Des Vies, Des Choix Et Des Âmes

Au loin dans une enclave...
Un faisan dominé par le vert
De sa poésie... le fleuve.
Le lièvre, un cousin peuple
Par ses craintes, son vaste territoire,
Le respect mutuel,
Ne peut-il les sauver d'une destinée d'esclaves?

Lui qui veut s'identifier
Au conte de l'embryon d'Ève,
À l'embrun sur fil du rêve,
Au fauve qui se réinvente,
Au succinct de l'existence,
D'une luciole à la vie intense,
A-t-il besoin de rendre des comptes ?

Et moi venue en tenue négligée,
Me fais pousser des ailes
Avant de me jeter sur la dune,
Puis finir par m'endormir nue
Sur une poignée de feuilles mortes.

Doit-on me juger? Quand nous cheminons...
En se tenant par nos mains
Dans un décor plein d'aveux,
Nous n'avons jamais la même vision
Au fond des yeux...

Chacun son choix, ses dilemmes,
Son refuge d'hiver,
Ses envies de flemme,
Le piquant de ses repas,
Et la vitesse de ses pas...

Ne peut-on s'aimer pour autant ?

## Un Coach Spirituel
*Acrostiche*

Libère si tu oses toucher le fond de son puits,
Extrait apte à te convaincre si tu le suis.
Celui qui se trouve à portée de main,
Ô goutte d'un océan en bord de chemin.
Arme de paix pour absoudre,
Tes doutes sur les sciences.
Celles qui sont meilleures voies pour les consciences.
Hors du Temps criant ses mots fidèles,
Spirituelles serrant du plus près la mémoire,
elle plane sur un nuage arrêté ou carré d'espace,
Instant ramant sur tapis feuillu par traces.
Rituel où tu pompes tes vraies richesses,
Idole qui combat l'idiotie par verbes en liesse.
Tournant ses effets, quand t'emporte,
Une lévitation où toutes les vies possibles sont au seuil de la porte.
"Entre donc ! Parmi mes filles de pensées qui t'ouvrent:
Leur lumière par la balade sur la page se découvre."

## Sur Une Nappe De Sable

Deux décors superposés,
Sont double niveau d'existence.
Les vieilles écorchures,
Et les montagnes de souvenirs.
De mots en verbes,
De murmures en phrases,
De décisions évitées,
Se construit la liberté.
Au milieu du rare tableau,
Ton visage me tournant le dos,
Donne un sens fabuleux,
Total au mythe silencieux.
Puis les ondulations des vagues,
Font danser au même son,
La musique des âges.
L'ouvrage qui exécute deux passants.
La mer se sert aussi de l'amertume,
Pour cacher la nuit avec le jour.
Un chemin que révèle l'écume,
Aperçu sur une nappe de sable.

## Où Sont Vos Mots ?

Si aucune guerre
Ne devrait se faire
Sur les gamins
Ni sur les chemins

Les blessés comme
Les morts se déplorent
Personne en somme
Ne gagne et tout se tord

En premier lieu l'humain
Cet invisible qui d'ors
Et déjà vous tend la main
Couvrant un enfant qui dort

La vie est éphemère
Aussi la terre mère
Personne n'est envié
En ce monde dévié

Même nos mots souffrent ?
Du silence et de l'indifférence
Pourtant la même démence
Entraine la paix dans le gouffre

## Where Are Your Words?

If no war
Should not unfold
Upon the children
Nor along the paths
The wounded, well as
"Lamented are the dead."
No one, in the end,
Wins, and everything twists
Above all, humanity
Invisible, henceforth,
Already extends a hand to you
Covering a sleeping child's dreams
"Life is transient."
So is the mother earth
No one envies
In this deviated world
Do even our words suffer?
From silence and indifference
Yet, the same madness
Drags peace into the abyss

Éclats D'Espérance ~ *Les couleurs de l'humanité*

# Mouina El Achari Zayna

Shards of Hope ~ *The Colors of Humanity*

## Magie Du Sourire

Sur les pas de la sérénité
Défiler en toute sûreté
Écouter les doux oiseaux chanter
Le regard s'envole vers la paix.
Tête haute, allure sereine
Univers digne des reines
Dédaignant toutes les haines
S'ouvrent les fenêtres sans peines
Sourire ouvre bien l'appétit
À la nourriture et à la vie.
L'amour sans sourire se rétrécit
Sans lui la mélancolie s'élargit
Discrètement sourire
Les yeux peuvent tout dire.
Un simple regard et bâtir
Un château difficile à démolir

## Nouvelle Ère

Maintes théories pour dénoncer,
L'écart dû aux réseaux sociaux.
Familles démembrées,
Dialogues sans nuls mots.
Messages échangés,
Ne s'expriment pas les maux.
Conseillers consultés,
Pour freiner le fléau.
La communication,
Largement engagée.
Les sages lancent des avertissements
Études entamées.
Parents et enseignants,
En chœur mobilisés.
Tables rondes sonnant,
L'alarme pour y remédier.
Aucun n'avait prévu,
Le retour des pandémies.
Des mois, les humains détenus,
Sans aucun compromis.
L'écart est de en plus,
Large et dépasse la folie.
Visages masqués, qui aurait cru,
Qu'à un virus nous serions soumis.
Y aura-t-il un retour,
À la vie d'avant ?
Est-ce une ère de sourds,
Chacun son cocon ?
Les réseaux auront de beaux jours,
Et nous sépareront pour de bon ?
Le fardeau est si lourd,
Les remèdes attendront.

## Les Années Du Silence
(Sonnet)

Grandir en exécutant sans réagir
Tel un robot sans âme
Ne sachant si on est femme
Ou un esclave sans avenir

Fonder une famille, un grand plaisir
Même scénario se trame
Et l'on se perd comme si on rame
Contre le courant et sourire

Supporter des années sans soutien
Détruit le fond et retient
Le cœur dans les décombres

Réagir même trop tard, se relever
Tête haute et submerger de l'ombre
La lumière surgit pour continuer

## Ma Mer, Joie De L'été

Mer, source des joies
Dans tes vagues je me noie
Au milieu d'une foule bruyante
Heureuse et paraissant insouciante.
Mer, dans ton eau se lave
Le mauvais sort qui entrave
La voix des filles en mal de mariage
Leur donnes-tu un nouvel âge ?
Mer, au bord de toi se tissent
Tous les étés des prémisses
De belles histoires d'amour
Inspirées par ton glamour.
Mer, source de ma détente
Pour cette joie déferlante
Que tu dégages sans avarice
Chez toi les peines tarissent.
Mer, une saison ne suffit pas
Pour absorber mes pas
Ni une journée entière à marcher
Entre vagues, sables et rochers.
Mer, génératrice de plénitude
Buvard des pires inquiétudes
Sans ton existence que faire,
Toi qui me console telle une mère.
Au bon Dieu mes louanges
Dans ce monde devenu étrange
D'avoir un si beau refuge
Tout près, pour fuir les déluges

## Tolérance Ma Bien-Aimée

La tolérance noble message
Pour adoucir l'existence dure
Et quitter la mauvaise tournure
Où les humains sont de vrais otages
Dans des sentiers noirs sans pitié
Que l'intolérance a dressé.
Creusons des chemins où la sagesse
Vêtue en blanc sème la tendresse
Qui coulera tels des ruisseaux doux
En fins fils se propageant partout.
Goutte à goutte l'eau use la pierre
Pensée confirmée au fil des temps
Que nos cœurs ne soient pas en béton
Soyons des gouttes dans l'univers
Ouvrons les fenêtres pour les fées
Les âmes clament en chœur, la paix.

## Beloved Tolerance

Tolerance, a noble message,
Softening the harsh realities of existence,
And departing from the wrong direction
Where humans are hostages to the shadows,
In dark, pitiless paths, where intolerance has erected barriers.
Let's carve paths where wisdom,
Clad in white, she sows tenderness,
Flowing like gentle streams of understanding,
In fine threads spreading everywhere.
Drop by drop, water wears the stone,
A thought confirmed over time.
May our hearts not be hardened like concrete,
Let's be drops of kindness in the vast universe.
Open the windows for the fairies,
Soulful voices proclaim in unison peace..

Éclats D'Espérance ~ *Les couleurs de l'humanité*

# Fouzia El Mellah

Shards of Hope ~ *The Colors of Humanity*

# Le Poète

Le poète est là pour nous dire
Que dans le ciel il vagabonde
Mais, que la terre l'attire
Vers ce merveilleux monde

Sa plume, traçant sa route
Le mettant sur le droit chemin
Pour imaginer sans crainte
Ceux qui vont lui tendre la main

Ouvrant son cœur et son âme
Relatant la vie en un songe
Illuminant en lui cette flamme
D`être franc, sans mensonge

Dévoilant ce qui le tourmente
Ce que voilent les belles images
Ce qui rend la vie attirante
Faisant sourire les visages

Marchand vers un doux mystère
Comptant les étoiles et les heures
Dans un noir inconnu à ses paupières
Il voit s`envoler sa joie et son ardeur

Glanant un posthume soupir
Effaçant ses rêves inquiétants
Soumis à sa plume fine et pur
Ouvrant les portes du temps

Suivant ses pas et ses ondes
Ses envies et ses merveilles
Jusqu'au bout du monde
Restant toute la nuit sans sommeil

Son esprit voguant sans fin
Parfois courageux, parfois veule
Voyageant sur monts et ravins
Dans une harmonie invisible

Souhaitant la paix et la liberté
Aux êtres humains ici-bas
Rêvant d'une vie sans mélancolie
Fuyant les guerres et les trépas

## Si Tu Savais

Je ne sais m'exprimer
Je ne sais comment dire
Combien je suis comblée
Par tes mots, ton sourire

Les mots sont bien fades
Pour crier ma passion
Et ça me rend malade
Horrible sensation !

Je t'aime à un tel point
Si fort dans mes pensées
Que je n'ai nul besoin
De mots pour te parler.

Mon tendre amour s'envole
Par l'esprit transporté
Et tel un rossignol
Il vient vite se poser.

À côté de ton cœur
Pour alléger tes peines
Pour t'apporter bonheur
T'offrir son oxygène.

Si les mots sont petits
Alors je les redis
Tous, inlassablement
Je t'aime infiniment.

## L'Amitié D'Or

Pour ravir mon esprit et mon cœur
À pleines mains je jette des fleurs
Savourant l'amitié d'une joie ineffable
Partageant tout ce qui est adorable.

Marchant ensemble avec politesse
Main dans la main sans cesse
Surveillant présences et absences
Offrant des missives avec opulence.

On s'arrête devant les étoiles luisantes
Pour cueillir toutes les belles fleurettes
Le vent caressant notre amitié d'or
Sous les rayons du soleil d'aurore.

Comblés par un charme suprême
Que tous les amis(es) acclament
Encourageant commentaires et pages
Participant aux dialogues et partages.

Nous tissons l'amitié avec des roses
Poèmes rimés vers et proses
Belle vue des jardins délicieux
Offerts par Dieu dans ses cieux.

Nous voguons sur songes des anges
Dans des lieux sains sans mélange
Où on écoute les paroles des cœurs
Sans présence de douleurs et de malheurs.

## Éclats D'Espérance ~ *Les couleurs de l'humanité*

Sur les ailes du crépuscule on s'envole
Épiant les vagues et l'écume drôle
Dans un silence muet et puissant
Arrosant le rivage à parfum innocent.

Je vous envoie un vent fort d'amitié
Attention vous risquez d'être emportés
En un message de vie et d'espérance
Avec tendre amour, foi et confiance.

# L'Amour D'Une Mère

L'amour d'une mère
Et un amour éternel
Il ne s'éteint jamais
Personne ne peut égaler.

L'amour d'une mère
N'est que lumière et bonheur
Il reste à tout jamais
Dans notre cœur.

L'amour d'une mère
Peut s'écrire en vers
Il est pour tous ses enfants
Il est là au fil du temps.

L'amour d'une mère
A du savoir faire
Personne ne le trahit
C'est un bijou de la vie.

L'amour d'une mère
N'a pas un cœur de pierre
Et on est convaincu
Il n'a pas de retenue.

L'amour d'une mère
N'a pas de frontière
Qu'importe les choix
Elle sera toujours derrière toi

## La Tendresse
*Thème : Tendresse, partage*

La tendresse…
Un regard complice échangé
Un beau sourire partagé
Un joli poème à l'oreille susurré

La tendresse…
Un agréable moment à se rappeler
Un tendre baiser délicatement déposé
Une douce caresse à donner.

La tendresse…
C'est de la générosité, c'est désintéressé
C'est en amitié, ou bien pour aimer
C'est un petit rien tant apprécié.

La tendresse…
Est un beau jardin de fleur
Qui s'écoute avec le cœur
On ressent mille senteurs.

La tendresse…
Un don de soi formidable
Un partage, une délicatesse
Procure à notre cœur l'allégresse.

# Tenderness
*Theme: Tenderness, Sharing*

Tenderness...
An exchanged, complicit gaze,
A beautiful, shared smile,
A lovely poem whispered in the ear.
Tenderness...
A pleasant moment to remember,
A tender kiss delicately placed,
A gentle caress to give.
Tenderness...
It's generosity, it's selflessness,
Whether in friendship or love,
It's a little something much appreciated.
Tenderness...
A beautiful flower garden,
Listened to with the heart,
"A thousand scents are felt."
Tenderness...
A formidable gift of oneself,
Sharing, delicacy,
brings joy to our hearts

Éclats D'Espérance ~ *Les couleurs de l'humanité*

# Mohamed Farid

## Polisseur De Lentilles
*Thème : Persévérance, conseil*

Tu as beau, poète, polir aux myopes les lentilles,
Artisan de beaux vers, comme les taupes, ils demeurent,
Tâtonnant en leurs obscures galeries où meurent,
Tes sages messages, tes lumières et tes paroles gentilles.

Tu as beau apaiser leur douleur et tristesse, Partisan du désir, courtisan du bien-être, Semeur du conatus et de la joie de naître, Voilà que leurs mirettes méritent leur petitesse.

Polisseur de lentilles, va ton chemin et laisse, Les taupes à leurs ténèbres, sache que le sot l'y laisse, N'est pas leur apanage, c'est dans le noir qu'ils paissent.

Immaculée, ta nuit blanche, le conseil te porte,
Joyeux, vis-la serein, oublie taupes et cloportes,
Polis tes lentilles et à leurs nez clos, ta porte.

## Détachement Et Dépassement
*Thèmes : Détachement et dépassement des contraintes.*

Adieu bercail qui m'a vu naître,
Dorénavant être et paraître.
De mon destin, je serai maître,
Les illusions, je renvoie paître.

Mon esprit libre, je le vois vivre,
Détaché des morales des livres.
Affranchi des vertus, m'enivre,
Des balivernes, je me délivre.

Détachement, dépassement,
Je prends mes aises prélassant,
Serein, zen, sans frémissement.

Tellement sied l'isolement,
Au détrompé, absolument,
Je m'en réjouis résolument.

## À Bas Billon !

*Thèmes : Révolte contre le silence, indifférence, oppression, résistance, lutte perpétuelle*

Des ancêtres, un gourdin à l'occiput, je garde.
Un coccyx qui démange, alors je mange du gibier.
Du girofle, rue et drupes charnues de jujubier.
Jaloux, je suis de les égarer par mégarde.

Héritier de rémiges de calames de noire encre.
De bois d'os cuir tanné de mémoire d'éléphant.
Je trace, comme mes aïeux scribes, des mots esbroufants.
En médium éveillé, en devin jamais cancre.

Il est grand temps, ma foi, de déverser la bile.
N'est pas homme qui accepte le silence sans mobile.
Crier haro ne meurt pas, demeure indélébile.

D'arbitraire, le silence sachez-le est complice.
Indifférents potes, ne soyez pas entré en lice.
Le retrait est regrettable, la révolte un délice.

## Fais-Toi Geai !
*Thèmes : Paix (crisse), espoir (ne périsse).*

À peine creuse fontanelle durcie,
Que la boule est de gros mots farcis.
Joujoute martèle par là, par ci,
Du baratin, je suis occis.
Ouf, soulagé, je pipe manouche,
Imbu de pruderie nitouche.
Teigneuse jeunesse issue de souche,
Mise à la touche, mes vers je couche.
Bon débarras la mascarade,
Zen, je sirote ma douce rasade.
À la terrasse, plus de parade,
Ne me terrasse plus camarade.
Tél gai pinson, tout comme geai trisse,
L'ariette qui grince où la paix crisse,
Y glisse l'amour, l'émoi hérisse,
Qu'espoir nourrisse, point ne périsse.

## Rêve Errant

*Thèmes : rêve, paix, sagesse, amour, vertu, etc...*

Il est grand temps que la paix règne,
Qu'enfin l'humain serein atteigne.
Sagesse, amour, vertu, guerre cesse,
Qu'il se défasse de sa bassesse.

Parole de barde, poète rêveur,
Qui déclame la paix avec ferveur,
Et zieute son rêve toujours errant,
Dans ce monde immonde aberrant.

Chicane, ergote, guerrier pinaille,
Ricane aède scié de gouaille,
Et cane ascète de la racaille.

Si sonnet est, c'en est bien un,
Un slam où je clame comme pas un,
Amour et paix pour mon prochain.

## Wandering Dream

It's high time for peace to reign,
For serene humanity to attain.
Wisdom, love, virtue—let war cease,
Let go of its baseness and find release.
Words of a bard, a dreaming poet,
Who passionately declares peace,
And gazes at his ever-wandering dream,
In this world, grotesque and extreme.
Quibbles, bickers, the warrior nitpicks,
A jester scoffs with mocking tricks,
And an ascetic scorns the riffraff.
If it's a sonnet, indeed it is one,
A slam where I proclaim like no other,
Love and peace for my fellow.

Éclats D'Espérance ~ *Les couleurs de l'humanité*

# Salima Idrissi

Shards of Hope ~ *The Colors of Humanity*

## Un Point De Retour
*Thèmes : Espérance, Liberté, sagesse…*

De nulle part, un sourire surgit, stimulant l'univers des rêveries, pareil au cheminement des bleuets.
En espérance, liberté de sagesse en élégance, un élan de magie d'amour à la vie traverse l'esprit.
Le temps défie l'obscurité, défie les jours à supprimer, défie les impatients et l'absurdité des émotions.
Réinvente le printemps précieux du présent. La fontaine de jouvence ne tarira jamais, succombant aux beaux jours de rosée, cœur frémissant, celui d'un enfant.
Dans l'aube, il s'éveille, frêle ombre et soleil au bonheur d'un réel.
De larmes aux couleurs du ciel, les parfums se répandent, dans l'intensité se confondent. Plus il y en a, plus la joie est absolue.
Quant à l'immensité du jour sur la nuit, dépasse les échos de minuit.
En bleu, vert, couleurs de la nature et de la mer, exclut le froid de l'hiver.
Un voyage inachevé inspire la vie aux énigmes secrets, celle qu'on vit et celle qu'on souhaite.
Rêve longtemps caressé, chante la mélodie, chante l'hymne à l'harmonie.
Les jours en bouquet garni sont en couleur. Même sous un ciel gris, le cœur se console et sourit.

## Au Bon Souffle Du Vent

L'écume du jour n'est pas un détour.
Si je rate un moment, je passe au suivant.
Au bon souffle du vent, le tout semble vaillant, motivant.
Dans ce temps restreint, ce qui est certain, derrière les instants anodins, se cachent des filons de promesses en peau de satin.
Le temps, nous fait grandir, à maîtriser le pire. Aux assauts du vent, il faut se contenir.
Ainsi, les épreuves laissent les séquelles d'exil, dures en apparence, mais en vérité fortifient les sens et prodiguent l'excellence.

## Sacré Silence

Il est des silences, ce qui émane de lumière et de prudence, dans l'opacité des sens en absence.
Ce sont des silences, ce qui favorise la chance, pour se ressourcer.
Calmement savourer les bons moments en toute sérénité, sans être dérangée.
Ce silence, à moi, est une étoile de jouvence, une île de bonheur sacré de choix.
Un langage muet en émoi, langage de rythme et cadence, panse blessure et souffrance. M'assure des rêves de belle romance, en me procurant câlin et espérance.
Ainsi, je me réjouis, quand mes ondes d'énergie, surpassent le défi, succombent à la vie.
Généreux et tendre, en soleil dans l'ombre, le silence me donne des ailes de colombe, confiance et assurance.
Je vois la vie en rose, je m'inspire de poésie et de prose.

## Le Meilleur Ami

Sur les ailes du temps, la vie s'envole pour autant.
Il faut en être conscient.
Aux chemins implicites, la lumière se répand. Le bonheur courtois, avidement diffuse la joie. Un espoir surgit quelque part.
Le cœur perçoit ce que l'œil ne voit pas.
Dans le cheminement de la vie, le sort est notre meilleur ami.
Quand on l'aime, on aime son passé.
C'était le présent, tel a vécu.
Un repère de racine absolue.
Le fait accompli d'un passé composé, ou d'un plus que parfait.

Extrait de mon recueil : Lumières du cœur

## Les Mots Tendres

Assoiffés aux moments fulgurants, ils se réveillent en peau d'enfant pour arracher à la nuit les reflets de leur vie.
Dessiner leur propre nostalgie.
Les mots sortaient d'un livre que personne n'avait écrit.
En muse de poésie, l'amour vient au cœur. Dévoile ses couleurs.
Traverse le rêve de sa belle aurore.
Souriant, parfume les aléas du bord.
Égaye l'âme endolorie des histoires et des temps perdus.
Défie les orages, les rivages et tous les nuages.
Le rêve stimule l'espoir.
Dans la mémoire, dans le corridor animé de nos histoires, les mots fiévreux parsemés de roses et de vers caressent la froidure de l'hiver.
Dans l'effort de se surprendre, on fait reluire ses ondes profondes.
Dans l'éclat de jour, on jette l'ancre.
La musique de la vie de nouveau se fait entendre.
Par les mots chaleureux et tendres, le comportement renferme tout un monde.
En fleur de sagesse, en lumière de tendresse, au plaisir des rencontres.
De bonne foi, les sentiments se confondent.

# Tender Words

Thirsty in fleeting moments, they awaken within, the skin of a child to snatch from the night the reflections of their lives, drawing their nostalgia. Words emerge from a book that no one has written.
In the muse of poetry, love comes to the heart and reveals its colors. It crosses the dream of its beautiful dawn, smiling, perfuming the vagaries of the edge. It cheers the pained soul of stories and lost times, defying storms, shores, and all clouds.
Dreams stimulate hope. In memory, within the animated corridor of our stories, feverish words scattered with roses and verses caress the chill of winter. To surprise oneself, one makes shine one's deep waves.
"In the daylight, one drops anchor, and life's music plays again."
 Through warm and tender words, behavior encloses a whole world. In the flower of wisdom, in the light of tenderness, for the pleasure of encounters, in good faith, feelings merge."

# Keltoum Mbirko

Shards of Hope ~ *The Colors of Humanity*

## C'est Triste Ce Qui Se Passe

La guerre est une injustice
Qui terrorise par ses sévices.
La tragédie de l'odieux se déroule sous nos yeux.
Des démons de la mort crachent le feu à tort et à travers.
On veut juste que ça s'arrête, que la paix soit instaurée, qu'il n'y ait plus de morts d'un côté ou de l'autre.
Il y a des gens qui souffrent, des mamans qui meurent, des pères qui pleurent, des orphelins qui ont peur. Arrêtez d'attiser la haine des uns envers les autres.
Une vie a la même valeur qu'une autre.
Le monde est devenu fou.
Chaque parent avait des vœux de voir ses enfants réussir et s'épanouir dans un environnement paisible.
Chaque jeune couple avait des vœux pour se marier.
Personne n'avait en tête que sous les bombes il pouvait périr, ou sous sa vue sa bien-aimée va mourir.
Cette guerre est une calamité imposée par les politiques.
Il n'y a pas de gagnant ni de gagné. Nous sommes aux abords de la folie. La guerre est décidée par une minorité qui vit loin des bombes et bien abritée.
Oh Dieu tout puissant, faites arrêter ce flot de sang.
La violence engendre la violence. L'humanité a perdu la tolérance.

La guerre extermine et mure des innocents sans armure.
Oh Dieu des cieux, ce massacre est monstrueux.
Pourquoi toutes ces souffrances ? Pourquoi ces bombes qui se lancent ?
Pourquoi ces vengeances contre l'humanité sans défense qui subit cette sentence sous des obus intenses ?
Oh Dieu miséricordieux, ce qui se passe est odieux.
Faites régner la paix entre les peuples.
Nous ne sommes pas sur terre pour faire la guerre, pour tuer nos frères, et pour que les innocents meurent. Arrêtez ces missiles de terreur, arrêtez ces massacres qui s'opèrent, arrêtez cette machine aveugle qui extermine et détruit.
Les peuples doivent vivre en paix. Réglez vos conflits différemment.
La terre n'est pas un champ de batailles.
Dominez vos colères rebelles.
Ne détruisez pas les personnes frêles.

## Le Savoir À L'Honneur.

*THÈMES : Savoir, honneur, voyage, connaissance...*

L'ignorance est un ghetto bien fermé et clos. Le savoir est un monde éclaté qui s'ouvre avec les mots.
L'instruction qui s'entame fait illuminer notre âme, une ouverture vers un monde de réflexions sur cette terre ronde.
Elle permet la transmission du savoir d'une étape à l'autre, c'est un bel avoir.
Voyager entre les sillons des livres, c'est acquérir un savoir qui délivre.
Le papier recouvert d'encre est un champ de rencontres, c'est un voyage dans des horizons lointains nous ouvrant des cloisons.
Plus on lit et plus la curiosité se déclenche.
L'apprentissage se fait par tranches. Une bonne lecture peut nous donner l'envie d'autres conférences à entamer.
Elle peut être l'élément déclencheur capable de soulever plein d'ardeurs. On ne se sent plus aussi perdu.
Les conférences sont là pour les assidus.
Le vocabulaire s'enrichit et se complète.
Cette démarche ne peut être une défaite.

# Ne Me Demande Pas De Me Rappeler
*Thèmes : Empathie, amour, fidélité…*

Je suis déjà perdu dans mes idées, je ne peux même pas les guider.
Je suis perdu dans la vie. Tout dans ma tête me fuit. Je parais tout à fait normal, alors que tout se passe dans mon moral.
Qui suis-je, que fais-je, où suis-je ?
Je suis perdu dans ce grand déluge. Lorsqu'on me pose une question subtile, je feins celui qui connaît la réponse facile.
Je suis perdu entre les miens que j'aime.
Je ne les reconnais pas, mais ils restent quand même. Leur compagnie m'apaise et me réconforte. J'exige leur présence habituelle à mes côtés. Je sens qu'on a une relation télépathique et qu'ils sont des personnes sympathiques.
Leur absence me touche énormément, leur présence me comble tant.
Ils constituent pour moi une sécurité, et je sens leur amour et leur sérénité.
Mes enfants sont pour moi frères et sœurs, ma femme, mon épouse, représente ma mère.
M'embrasser et me tenir la main, cela m'envahit d'un réconfort certain.
J'aime me faire beau et élégant, cela me fait plaisir et me va.
Je ne reconnais ni mon quartier ni ma maison.
Je suis étranger à tout, et je perds la raison. Lorsque je veux m'exprimer, je perds la tête. Je ne peux ni formuler ni attester.

J'entends les conversations et je ne fais aucun lien.
Je regarde les visages qui ne me disent rien. Mon
entourage est le seul en qui j'ai confiance.
Les étrangers ne me sont d'aucune appartenance.
Leur présence me fait peur et l'appréhende. Pour moi,
ils constituent une autre bande.
Je ne sais pas où je vais. Ma vie est faite de relais. Je ne
sais ni d'où je vais ni d'où je viens.
Ma route est tracée par les miens.
Je sais que je ne vous reconnais pas, mais mes
sentiments sont les mêmes en tout cas. Je n'arrive pas
à les formuler, mais sur mon visage, elles sont
mimées.
Un voile épais recouvre mon cerveau et mes idées.
Il m'empêche de voir clair pour me guider. Restez
auprès de moi et gardez ma main. Entre les vôtres,
cela me réconforte, c'est certain.

## Croisons Les Doigts

Pour que les missiles arrêtent le génocide à GAZA.
Les démons de la mort crachent le feu à travers et à tort.
 Les victimes meurent avec des plaintes dans le cœur.
À cause de la politique capricieuse, personne ne savoure la paix précieuse.
Même en étant si loin, notre cœur y est.
Elle va très mal à notre humanité.
Nous sommes tristes et malheureux en regardant les images de l'horreur.
On remarque que la force et la terreur sont les vrais décideurs.
Et que la loi du plus fort est restée toujours la meilleure. Tant que ce déluge continue, que pouvons-nous faire ?
Nous n'avons en réplique que des prières. Nos efforts restent vains.
Devant l'injustice, nous sommes nains.
Des marches pacifiques revendiquent les tueries et réclament le droit à la vie.
Les manifestations et les slogans n'ont donné que de la compassion.
Enfant Palestinien, tu auras ta revanche, tot ou très tard elle viendra.
Dans le monde entier, tu as nourri d'énormes émotions.
Malheur à celui qui a exterminé des générations.
Comment peut-il dormir en paix ?
Un jour, il aura des comptes à donner.
Les cris de panique et de détresse vont le poursuivre sans cesse.

Les perles de larmes chaudes sur les yeux des orphelins vont noircir son lendemain. Nous voyons les bébés victimes comme des anges en coton vers le ciel flotter.
Et l'ennemi les voit comme des gains de tueries.
Personne n'oubliera vos visages, auréolés d'innocence, foudroyés injustement.
Enfants victimes des guerres ou orphelins sans mère ni père.
L'humanité est fatiguée d'entendre des absurdités, des tragédies et des déchirures. Des déflagrations et des brisures.
Ce lot de barbaries continuelles et cruelles nous dégoûte de la vie actuelle.
Rien ne nous fait plaisir ni envie.
Rien ne nous sied.
Nous n'avons qu'une seule idée en tête :
LA PAIX est notre seule requête.

## La Tolérance.

Pardonne, même si tu te fâches.
Pardonne, même si tu t'énerves, ou que tu fronces tes sourcils, ou que ton cœur s'enflamme.
Pardonne, ne fais pas du désaccord un litige, car la haine s'en alimente. Elle fait saigner le cœur.
Quant à la tolérance, elle ne nie pas la différence, et les grandes âmes seules savent pardonner.
Alors pardonne, même si tu as raison.
Pardonne, même si le saignement est toujours coulant.
Pardonne, pour créer le plus beau des oublis.
Le pardon te libère et brise tes chaînes.
Pardonne, pour que les blessures disparaissent de l'âme, et que la raison soit la plus forte.
Alors pardonne, avec la tolérance, les humains sont à pied d'égalité.
On ne pose pas de questions sur la couleur, la race, ou les religions adoptées.
Pardonne, pour générer une vision, pour avoir une idée, pour purifier l'âme et la conscience, pour créer la forme finale de tous les amours et les unions.
Enfin, je te répète, pardonne pour lâcher prise.
Par instants, c'était mon désir aujourd'hui.
J'ai choisi d'écrire sur la tolérance. Se savoir digne du pardon inné, c'est déjà pardonner.

## Tolerance

Forgive, even if you get angry.
"Forgive, even if you get annoyed, furrow your brows, or feel your heart aflame."
Forgive, don't turn disagreement into a dispute, for hatred feeds on it. It makes the heart bleed.
As for tolerance, it does not deny differences, and only great souls know how to forgive.
So, forgive, even if you are right.
Forgive, even if the bleeding continues.
Forgive to create the most beautiful forgetfulness.
Forgiveness frees you and breaks your chains.
Forgive so that wounds disappear from the soul and reason prevails.
So, forgive; with tolerance, humans are on an equal footing.
There are no questions about color, race, or adopted religions.
"Forgive to cultivate a vision, to conceive ideas to purify the soul and conscience, and to shape the ultimate form of all loves and unions.
In conclusion, I reiterate, forgive to let go.
At times, today, it is my desire. I chose to write about tolerance, knowing that. One is worthy of innate forgiveness and is already well prepared to forgive.

Shards of Hope ~ *The Colors of Humanity*

# Hassanatène Saïfi

# À Travers Toi Mon Enfant

À travers toi, je voulais concrétiser mon beau rêve
Je pensais qu'il suffisait de te bousculer sans trêve
Pour faire de toi, l'être idéal que je raffolais d'être
Sans craindre les conséquences de ton mal-être

Tenace, je te portais nuisance en étant malhabile
Je me disais qu'à mon époque, la vie était difficile
Car les opportunités pour avancer étaient infimes
Enfant de la guerre, je me considérais victime

Je voulais te voir voltiger vers la haute sphère
T'orienter vers un pénible et interminable itinéraire
Faire de toi mon enfant un personnage légendaire
Négligeant tes désirs, tes penchants et ton caractère

J'ai raté plusieurs marches durant mon parcours
Que je n'ai pu gravir sans mes plus beaux atours
Inconsciemment je te léguais une charge chaque jour
Défiant les écueils qui m'ont joué un mauvais tour

En t'offrant un paradis irisé de lumière et d'arc-en-ciel
Je croyais te donner le meilleur de moi-même,
l'essentiel
En confondant ta personnalité et la mienne, je rêvais
Dans ma fébrile pugnacité, je m'ingéniais à te motiver

Dans une atmosphère tendue, je devenais atrabilaire
Te dictant l'ardu chemin à suivre que tu n'aimes
guère

Te guidant vers de sinistres cauchemars en tortionnaire
Manquant impunément à mon devoir de père exemplaire

Aussi, je te demande pardon de t'avoir forcé la main
Pardon d'avoir causé préjudice à ton fabuleux destin
Pardon de n'avoir été pour toi qu'un géniteur autoritaire
Pardon pour ces irréfragables intentions de père sévère .

## Et Dieu Créa La Femme

De toutes les créations rayonnantes et divines
Tu es appréciée et admirée, quand tu fascines
Femme, tu es la plus merveilleuse des créatures
Au sein de cette gracieuse et immense nature

Dieu t'a créée belle, radieuse et charmeuse
Magicienne, généreuse, courageuse, ambitieuse
Séduisante, ravissante, resplendissante, persévérante
Bienveillante, clairvoyante, battante et militante

Pour tout réconfort tu déploies d'énormes efforts
Unique, digne d'être aimée par les tiens, tes trésors
Enthousiaste, joyeuse, tu es la belle note du bonheur
Tendre, sentimentale, tu es le diadème de la douceur

Peu importe ce que tu es ou ce que tu fais dans la vie
Tu as ce pouvoir et cette capacité de maîtriser la vie
Ton affection comble tout ton entourage, ton milieu
Plus que tu ne peux l'imaginer et c'est tant mieux

Mère, sœur, épouse ou fille, aie confiance ma Joconde
Dieu t'a choisie pour une noble mission dans ce monde
Il t'a chargé de porter dans tes entrailles la maternité
De te battre en veillant sur l'humanité jusqu'à maturité

## Ta Présence Est Un Miracle

Avant de te connaître mon cœur
Ma vie n'avait ni saveur, ni couleur
J'ignorais même le but de mon existence
Seule, je narguais l'amour en permanence

Je me demandais pourquoi s'aimaient sans trêve
Roméo et Juliette, Kaïs et Laila, Adam et Ève
Étaient-ils fous au point de défier tout écueil
Au détriment de leur liberté, fierté et orgueil

Puis, tu es venu à moi, comme par hasard
Un soleil chassant mon brouillard blafard
Égayant mon cœur, auparavant sans amour
Depuis j'attends ta présence à chaque jour

Amoureux, promis l'un à l'autre, avec le sourire
Nous avons juré fidélité, jusqu'au dernier soupir
À nous sacrifier l'un pour l'autre, sans problème
Car sans toi mon ciel devient maussade et blême

Tu m'as invité à embarquer avec toi, avec tendresse
Me réchauffant dans l'édredon de tes délicatesses
Mon ami, tu m'as sauvée de ma solitude en léthargie
Ont donné un goût à ma vie insipide, bonheur et magie

Mon émouvant amour ! Est un miracle ta présence
Elle donne sens à mon existence, loin de l'indifférence
À présent je comprends pourquoi s'aimaient sans trêve,
Roméo et Juliette, Kaïs et Laila, Adam et Ève.

## Une Naissance

Un cri, une naissance, un vagissement,
Une nouvelle page s'ouvre évidemment.
Une histoire commence déjà,
Car chaque cas est un nouveau cas.
Oui ! Chaque cas est bien différent de l'autre,
Où personne ne se pavane ou se vautre.
On naît, c'est tout, pour vivre surtout,
On existe partout sur terre.
Ni ses parents, ni son entourage, ni sa patrie,
Ni sa religion et ni son sexe ne sont choisis,
Par tout être qui vient à peine de naître,
Par chaque nouveau-né qui vient d'apparaître.
Petit à petit, le petit bébé grandit,
Car plus il pousse, plus il a de l'énergie.
Il vit pour jouer son vrai rôle dans la vie,
Pour vivre évidemment, il boit, il se nourrit.
Il vit dans un monde très unique,
Au sein d'un amour bien authentique.
Avec tant d'espoirs malgré quelques désespoirs,
Où se confondent bien le droit et le devoir.
Il doit ressembler à tout le monde,
Pour pouvoir vivre au sein de ce monde.
Ses leçons instructives et ses jeux ludiques,
Font partie déjà de sa vie presque utopique.
Une nouvelle histoire commence à chaque naissance,
Ce roman doit être numéroté avec prudence.
Il doit être manipulé avec délicatesse,
Être feuilleté toujours avec amour et tendresse.

# Demain !

Le regard vers les étoiles scintillantes
Les bras ouvert aux promesses délirantes
On attend les prémisses hallucinantes
D'une aurore boréale époustouflante

Demain est un rêve en effervescence
Une attente sublimée de révérences
D'un beau printemps en nitescence
Une étreinte escomptée d'une semence

Aussi quelque part, juste à l'est de l'âme
Il y a une passion parée en oriflamme
Où l'envie en ascension s'enflamme
D'esquisser un sourire qui acclame

Car demain est une aube en renaissance
Un doux lever de soleil dans sa rutilance
Un éclat de lumière splendide en brillance
Un avenir irisé de fabuleuses espérances.

## Tomorrow!

Gazing at the sparkling stars,
Arms open to delirious promises,
We await the hallucinating beginnings
Of a breathtaking aurora borealis.
Tomorrow is a dream aglow with buoyancy,
An expectation adorned with reverent hope,
A beautiful spring in nascence,
An anticipated embrace of a seed's gentle slope.
Also, somewhere just east of the soul,
There is a passion, a flame in standard,
Where desire in ascension takes its toll,
To sketch a smile, heartfelt and grand.
For tomorrow is a dawn in rebirth,
A gentle sunrise, radiant brilliance,
A splendid burst of shining mirth,
A future iridescent with fabulous hopes.

# Shards of Hope ~ *The Colors of Humanity*

Éclats D'Espérance ~ *Les couleurs de l'humanité*

# Ginama
# Saïfi
# Zinèbe

# Paix En Palestine

Paix à Gaza, paix à Gaza,
Que le sifflement du malaise
S'étrangle dans son règne,
Que le grondement se taise,
Que la braise s'éteigne.
Que les cris se transforment
En éclats de rires francs,
Exprimés haut le front,
Dans la joie euphorique
D'une nouvelle ère attique.
Allégeance d'une paix statique,
Effaçant la haine en soi,
Répandant partout la joie,
La joie de vivre libre, libre,
Comme lorsque l'oiseau ivre
Dans le ciel, biaise, biaise,
Vers la rive tout à son aise,
Et que le vent dépose sa bise,
En paire sur la côte, sur la mer,
Et effleure de sa soyeuse brise
Avec des caresses sages
Au gré de son passage
Le temps éphémère
Des rencontres du hasard,
Sur le dos, la paix en brassard,
Et qu'enfin la paix installe sa longue
Robe lilas, oblongue,
Étalée sur tout le territoire,
Avec sa traîne de colombe

## Shards of Hope ~ *The Colors of Humanity*

Soulevée du coup en trombe
Par l'âme des enfants martyrs,
Sur un air d'oiseau-lyre,
Et que la paix brave les aléatoires
De la fourberie d'une guerre
Entre deux peuples frères,
Issus de la même trajectoire,
Et que l'amour règne en maître absolu
Sur cette terre bénie que je salue.

## L'Amour, Cet Alter Ego

L'amour ce n'est pas regarder l'arrière moribond,
Le temps passé est sans retour, l'avenir est devant.
L'amour c'est partager les beaux moments vécus,
Et non les blasphémer pour un mauvais souvenir indu,
Un bien déchu, un serment désisté ou une quelconque querelle.
La vie est trop courte pour y semer la haine et y cultiver le fiel.
L'amour c'est vivre sur une chansonnette gaie, fabuleuse,
Au rythme d'une rime douce et mélodieuse.
L'amour c'est savoir pardonner et oublier,
Un regard, un geste ou une humeur canonnée.
L'amour c'est trembler de peur que l'autre ne soit blessé,
Ne serait-ce que par une banale parole balancée,
Au hasard des mots en folie d'une commère cancanière,
Une langue tordue et pendue est une lame meurtrière.
L'amour est un partage à deux, à plusieurs, candidement égalé,
Où il n'y a de place ni pour la peur ni pour la rancune,
Mais pour l'angoisse d'un jour, qu'on puisse le voir périr
Impuissant, dans la routine d'un monde indifférent, plein de lacunes.
L'amour c'est toi, moi, lui, elle ; c'est cette humanité à reconquérir.

## Convoitise

Je veux que l'amour
Reste dans mon cœur,
Malgré des nocifs dires,
Malgré les rancœurs.
Des tirs aux sons sourds
Et des incessantes ires,
Adoucissant les soupirs.
Je veux que l'amour
Puisse tous les jours
Effacer les malheurs
Des négatives humeurs,
Et joncher les allées
Des jardins alarmés,
Et y répandre l'allégresse
Des grands jours de fête,
Balayant la tristesse
Sous le vol de l'alouette.
L'éclair d'une seconde
Laissant planer à la ronde
Un rayon de joie maladive,
Contaminant d'affilée
Les rires en longs drives.

## DéLabrement

Le noir envahit les cœurs,
L'obscurité fait bien peur,
Et enraille nos décodeurs
Que nos ombres en meurent.
Toutes les valeurs basculent,
Et le monde dans la canicule,
Une fournaise à monticules,
Embrasant l'espace et nul recul.
Dans ce monde où le doute vire
Vers la haine, le pousse, le chavire,
À l'image du majestueux navire
Dans la tempête se sent sévir.
Son impuissance le rend livide,
Pris dans la montagne liquide,
Entourée de ses monts, avide,
Elle signe sa mort et le liquide.
Que faire devant cette colère
Qui le flaire, infeste toute son aire?
Serait-tu au rendez-vous sérénité?
Que reprenne le monde sa dignité!

## Une Terre De Paix

Je rêve d'une terre de paix,
Un sol peuplé de colombes,
Et non d'un défilé de tombes,
Marquant les années de sang.
Des souvenirs laids, blessants,
Je rêve d'une terre de paix,
Tendue d'un tapis fort épais,
De blanc entièrement purifié,
De ces haines démoniaques,
Et strictement paranoïaques.
Un tapis magiquement édifié,
Parsemé de roses vermeilles,
Symbole de cet amour unifié,
Et doté de tant de merveilles.
Je rêve d'une terre de paix,
Sans ces allées de fils barbelés,
Sans frontières séparatrices,
Caprice des envies prédatrices.
Je rêve d'une terre de paix,
De rires d'enfants, peuplée,
Et d'amour gentiment vêtue,
Au temps dignement vécu.

## A Land Of Peace

"I dream of a land of peace,
A soil populated by doves,
Not a parade of graves,
Marking years of blood.
Ugly, hurtful memories,
I dream of a land of peace,
Covered with a thick carpet,
Purified entirely in white,
Free from demonic hatred,
And strict paranoia.
A magically constructed carpet,
Strewn with crimson roses,
Symbols of unified love,
And endowed with countless wonders.
I dream of a land of peace,
Without alleys of barbed wire,
Without separating borders,
Driven by predatory desires.
I dream of a land of peace,
Populated with children's laughter,
And love gently adorned,
In a time lived with dignity."

Shards of Hope ~ *The Colors of Humanity*

# Zoubida Wadini

Shards of Hope ~ *The Colors of Humanity*

# Écoute

Écoute l'hymne du cœur,
Te livrant ses mystères,
Te prouvant qu'il est sincère,
À la recherche du bonheur.
Écoute le chant des vagues
Comme le susurrement
Des mots tendres qui te narguent
Qui coulent sagement.
Droit et sans méandres,
Pendant les traces des maux,
Réduisant la souffrance en cendre.
Écoute l'enchevêtrement des mots.
Les branches et leur animosité,
Se débarrassent des feuilles mortes,
Et le vent, jouant de leur porosité,
Les faisant chuter par terre et les emporte. Piétinée
sous les pieds
Avec bassesse et cruauté.
Écoute la terre crier
Pour sauver sa dignité,
Défendre son honneur.

## Les Souvenirs

Qu'en reste-t-il de ces jours
Qui s'échappent sans laisser de traces,
Mais restent mémorisés dans notre tour
Et rien ne les efface.
Les années se sont écoulées,
Laissant les souvenirs s'écrouler,
Tranchés par une lame,
Fatale arme
Qui dessine placidement des larmes
Due à certaines erreurs
Où on sent qu'on se leurre.
Toi, souvenir, trésor perdu,
Tu me rappelles le bonheur,
Mais parfois tu remues mes malheurs.
Tu persistes parfois à continuer,
Même enfoui dans des nuées,
Ou tu t'effaces comme la lune
Qui disparaît derrière les brumes.
D'autres souvenirs résistent
À sombrer dans l'oubli,
D'autres, comme des verres vides,
Contenus vagues comme des rides.
Sans goûts
Ni dégoût,
Juste un sentiment Indifférent,
Marquant le cœur de cicatrices,
Rempli de plaies réelles et factices,
Et demeurent des larmes chaudes,
Autour des yeux, la fatigue rôde.

Et des rires qui résonnent
Dans la tête atone,
Formant des mélodies brouillées
Dans l'esprit et l'âme rouillés.

## Complainte

Maudits soient ces jours vides
Que nous menons avec lassitude.
Le soleil songe à se retirer,
Renonçant à sa vie sidérée,
Rêves légitimes et possibles.
Pour fuir la solitude plausible,
Retrouvons les mots d'amour perdus,
Parmi les vagues écumes des jours ardus.

À peine la journée commencée,
Avec ses aléas insensés,
Le soir vient tout bousculer,
Sans hésiter ni reculer,
Traînant les mystères violés
Par les jours entremêlés.
Difficile de distinguer les jours
Et de faire entièrement le tour,
Pour percevoir la fin du mois,
Emportant mélancolie et joie.
Une année qui se termine,
Sans laisser de trace fine.
Instants éphémères et impalpables,
Que peut-on faire contre le temps implacable ?
Reste à cultiver l'espoir et l'espérance,
Pour ne point sombrer dans l'errance.

## Les Mystères De La Vie

La roue tourne malgré obstacles et écueils, Le monde tourne aussi
Selon un tempo pas ordinaire.
Pourtant, la vie n'est point un mystère,
On peut créer ses propres repères
Stimulants et utopiques,
Jouissifs et fantastiques
Hors du temps altruiste.
Elle n'est pas un fardeau,
Ni un malheur porté sur le dos.
C'est un long voyage d'exploration,
À la découverte de soi comme destination. Parcours le trajet sans remords ni regrets, Miroir où se reflète lumière et rais
De l'amour fait de hasard et de chance,
Qui renvoie le reflet du cœur et sa transparence.
Espace où l'on se perd et on se libère,
Pour laisser flotter l'âme austère.
Flambeau qui illumine notre royaume,
Fleur malgré les épines, exhale son arôme. Pour la cueillir, il suffit de baisser les mains, La vue n'épargne ni les malades ni les sains. Emporte sur son passage telle une tornade. Chaque chose porte son mystère et sa charade.
Le sommeil qui ride tel un fantôme agaçant, Entre la mort d'un côté et les joies de l'existant.
Approche-toi de moi,
Prends-moi dans tes bras même sans émois. Ne laisse pas un mystère s'initier entre toi et moi .
La vie n'est tout autre qu'une énigme hédonique,
L'idéal n'existe pas et la liberté est hypothétique.

## Comme Dans Un Rêve

Comme dans un rêve,
Je dessine mon chemin
D'une manière péremptoire,
Bordé par la réalité et l'espoir,
Ne laissant pas mes pas errer
Sans orientation ni destination,
Pour ne pas les laisser se transformer
En chimère ou trépidations.

Comme dans un rêve,
Qui m'emporte dans la poésie,
Me donne des ailes pour m'échapper
Vers le bonheur usurpé
Pour prendre conscience
De toutes les choses dans leur essence.

Comme dans un rêve,
Je scrute mes idées,
Me réjouis quand mon âme est codée.
Dans mes rêves et mes songes,
Apparaît ton ombre qui me ronge,
Que je vois à travers La lune qui m'éclaire, Une étoile filante,
Mon regard devient hypnotique,
Et mon souffle se coupe,
Je deviens fantastique.
Tu viens allumer les chandelles,
M'abreuver de nectar d'amour,
Exhalant mille étincelles.

## Éclats D'Espérance ~ *Les couleurs de l'humanité*

Comme dans un rêve,
Tu viens m'offrir le plus beau bouquet de fleurs,
Pour ranimer mon cœur
Brisé par tant de malheurs.

Comme dans un rêve,
Où j'ai retrouvé mes années éclairées de mille lumières
Où le temps s'éternise et s'immobilise sans frontière
Les souvenirs réapparaissent rassurants,
Ils sont les refuges de notre devenir garant.

## As In A Dream

As in a dream,
I trace my path
In a peremptory manner,
Bordered by reality and hope,
Not letting my steps wander
Without orientation or destination,
So as not to let them transform
Into chimeras or trepidations.
As in a dream,
That carries me into poetry,
gives me wings to escape
Towards the usurped happiness,
To become aware
Of all things in their essence.
As in a dream,
I scrutinize my ideas,
Rejoice when my soul is encoded.
In my dreams and fantasies,
Your shadow appears, gnawing at me,
That I see through the moon that illuminates me,
A shooting star,
My gaze becomes hypnotic,
And my breath is cut off,
I become fantastic.
You come to light the candles,
Quench me with the nectar of love,
Exhaling a thousand sparks.
As in a dream,
You come to offer me the most beautiful bouquet,

To revive my heart
Broken by so many misfortunes.
As in a dream,
Where I find my years illuminated by a thousand lights,
Where time eternalizes and immobilizes without boundaries,
Memories reappear reassuring,
They are the shelters of our guaranteed becoming.

# Shards of Hope ~ *The Colors of Humanity*

# Tunisie

# Tunisia

Shards of Hope ~ *The Colors of Humanity*

# Zelha Kounoali

## L'Errance De L'âme
*Thèmes : Lumière, résilience*

À chaque fois que
Mes yeux ne voient plus très clairs,
Je me tourne vers cette petite lueur,
Sur la pointe des pieds et sans peur.

Elle m'oriente et me guide vers la lumière, À l'heure
où tout devient obscur et noir,
Et que mon cœur se love dans l'aigreur D'une réalité
forgée de noirceur.

À chaque fois que
Mon âme se noie dans l'abîme de l'horreur,
Une voix vive et limpide me réveille de ma torpeur,
Et me trace la voie simple de la joie et du bonheur.

À chaque fois que
Le soleil et la lune jouent à cache-cache dans le miroir,
Je me dis dans mon for intérieur
 Que tout n'est jamais noir.

À chaque fois que
Le jour passe à l'obscurité du soir, C'est pour mieux
apprécier la vie dans ces couleurs,
Aussi longtemps que le monde se vêt de douceurs.

## Naissance Passagère

Elle a atterri un certain dimanche,
Les yeux fermés, les pieds et les mains liés,
À sa mère et à sa terre le cœur rivé.

Elle avança pas à pas,
Ouvre grands les yeux, Fermant bien la bouche.

Ses cris étouffés,
Ses blessures, elle les ignora.

Elle ramassa à la pelle feuilles mortes
Et fleurs épanouies.

L'incertitude heurta son âme fragile, L'espérance la fit respirer le bonheur.

Ainsi, elle voyageait
Jusqu'au décollage improvisé.

Voilà comment elle résume sa vie : Un voyage sans arrêt,
Atterrissage inopiné,
Un décollage assuré.

Entre temps, les turpitudes dans un avion fragilisé
Par la fréquence des vents orageux, Et de plus en plus violents.
Elle vécut un laps de temps indéterminé.
Dans l'inconscience et l'incertitude de l'instant,
Elle se réveilla dans un ailleurs plus clément.

# Les Mots Dans L'âme

L'inspiration baladeuse,
Elle s'en vient silencieuse.
Elle épouse tes idées rieuses,
Semble fière et très heureuse.
Très souvent, elle habite dans les cieux
Et vit et respire dans ces lieux.
Tu te sens si bien accompagné
Que tu as du mal à la quitter.
Mais si elle te déserte un jour,
C'est le vide d'amour qui s'installe.
Ta source se tarit d'un coup,
Et tu ne trouves plus tes mots.
Cependant, il te reste un compagnon
Qui est toujours là, ce rejeton.
Cet enfant qui est en nous,
Qu'on oublie souvent.
Une fois qu'il se met à parler,
Une rivière intarissable coule,
Irrigue les terres sèches.
Une caresse, un flot d'émotions
Vibre, monte à la surface,
Et les mots, des perles blanches,
source d'amour et de paix.

## Gloire à la paix

Paix, prends ton envol
Étends tes ailes
Et vole haut dans le ciel.
Tel un aigle, téméraire et libre.
Bénis tu es.
Chéris, tu seras.
Ton drapeau, glorieux, victorieux.
Brille
Un joyau
Tel un diamant.
Il aveugle les yeux des jaloux.
Gloire à la paix.
Victoire de l'amour.
L'amour de la paix et de la liberté.
Qu'il en soit ainsi.
Oh ! Mon Dieu.
Zelha Kouniali / Tunisie
☆☆☆
TEXT N°5
Glory to Peace.
Peace, take flight,
Spread your wings,
Soar high in the sky,
Like a bold and free eagle.
Blessed you are,
Cherished, you shall be.
Your flag, glorious and victorious,
"Shines—a jewel dazzling envious eyes."
Glory to peace,
Victory of love,
A love for peace and freedom.
So be it, Oh my God."

Éclats D'Espérance ~ *Les couleurs de l'humanité*

# Houda Marzouki

Shards of Hope ~ *The Colors of Humanity*

## Hymne À L'Amour.

La colombe est là,
Lasse de l'infâme ravageuse,
La hideuse exterminatrice.
Elle est là,
Transportant sur ses ailes au blanc fragile
De superbes gerbes aux parfums de beauté.

Chantant avec passion des prières purificatrices : "Oh ! Humains aux multiples couleurs,
L'amour est votre merveilleuse religion,
La paix votre première vocation,
Votre seule destinée.
Délivrez vos cœurs remplis de haine.

Et rappelez-vous,
L'unique vérité
Demeure votre humanité.
La poésie sublime voie vers la beauté
Est capable de vous enchanter
Et de répandre toutes ces belles voix Appelant à la fraternité."

# Hymn To Love

The dove is here,
Weary of the infamous ravager,
The hideous exterminator.
It is here,
Carrying on its fragile white wings
Beautiful sheaves with scents of beauty.
Singing with passion. Purifying prayers: "Oh!
Humans of multiple colors,
"Love is your marvelous religion."
Peace your primary vocation,
Your only destiny.
Release your hearts filled with hatred.
And remember,
The only truth
Remain your humanity.
Sublime poetry, a path to beauty,
Is capable of enchanting you
And spreading all those beautiful voices
Calling for brotherhood."

Éclats D'Espérance ~ *Les couleurs de l'humanité*

# Nefissa Wafa Marzouki

## Je Danse La Debka

Des corps éventrés sans suaire,
Des yeux verts d'eau sans paupières,
Des bras fatigués sans bouquets.
Mes octosyllabes peinent à subsister.

Des blouses blanches en furie devant les urgences déflorées, des stéthoscopes impuissants à cause du volcan en éruption. Je ne joue pas, mais je danse la debka.

Le cours sur Voltaire s'arrête,
La cloche cesse de vibrer,
La porte de l'école n'est plus parfumée.
Ma rime en -é- saisit divinement son rameau d'olivier.

Le corbeau perd son fromage,
Appât du loup des parages.
Lui, blanc et bleu au plumage.
Le froid du linceul et le feu du bûcher

Enrhument ma plume qui lève la tête
Sans décrocher.
La robe de la dignité est repassée,

Le livre de la paix est conservé.
Mon rythme est accentué.
Et mon poème rouge résiste en guise de drapeau en liberté hissé.

## Theme: Dream, Peace

Torn white flag,
Fractured olive tree,
Wounded school,
Gridlocked roads and confiscated land.
Against death, I scream.
Against hatred, I shout.
I resist the storm.
Against the false note, I fight.
In my garden of art,
Tinged with love,
Rhythmically sincere,
And woven with beauty.
I write, and I paint.
In Saint-Malo,
I have fun, not without my feather,
And my childish verses.
I dance barefoot in the square,
Dancing with the word Peace.
I dream...
Rhône, Rhine, Route du Rhum.
Ali, Rémi, Imany, and Dorothé
Waltz at the Enfoirés' ball and...
Remain faithful to LOVE and its echo, SHARE...

*Epilogue*

# Conclusion

## Anthologie des voix engagées : un témoignage pour l'humanité.

Cette anthologie se compose de plusieurs textes écrits par des auteurs engagés dans différents domaines : l'amitié, la paix, l'espoir, la tolérance, l'altruisme, l'amour, tout ce qui pourrait éclairer et rendre l'humanité bienveillante. Leurs écrits ont pour but de sensibiliser le lecteur aux enjeux actuels qui menacent notre planète et notre avenir commun. Ils invitent à réfléchir sur nos valeurs, nos responsabilités et nos rêves. Les poème choisis nous montrent que nous sommes tous liés par une même histoire, une même humanité. Ils nous rappellent que nous avons tous le pouvoir de changer le monde avec nos mots, nos actions et nos cœurs. Ils nous encouragent à cultiver la compréhension, à semer l'espoir et à bâtir des ponts d'amitié et de solidarité. C'est donc un témoignage pour l'humanité. Elle est aussi un appel à l'action, nous invitant à être acteurs du changement plutôt que spectateurs impuissants. Ainsi elle nous propose une vision positive et optimiste du monde possible.

Nous aspirons à ce que notre ouvrage poétique vous ait enchanté. Souhaitons qu'il forge une conscience collective plus robuste et solidaire, tout en servant d'outil pédagogique efficace pour transmettre aux générations futures les valeurs essentielles à une vie harmonieuse avec soi-même, les autres et la nature.

Nous vous remercions de votre attention et nous vous souhaitons une bonne lecture.

Saliha Ragad alias Khalice Jade

Alger le 25 décembre 2023

# Anthology of Committed Voices: A Testimony for Humanity

This anthology comprises various texts written by authors committed to different domains: friendship, peace, hope, tolerance, altruism, love — everything that could illuminate and make humanity benevolent. These texts aim to raise awareness among readers about current challenges threatening our planet and our shared future. They invite reflection on our values, responsibilities, and dreams.

The chosen texts showed us that we are all connected by a shared history and a common humanity. They remind us that we all have the power to change the world with our words, actions, and hearts. They encourage us to cultivate understanding, sow hope, and build bridges of friendship and solidarity.

Therefore, this anthology is a testimony to humanity. It is also a call to action, inviting us to be agents of change rather than helpless spectators. It presents an optimistic vision of a possible world.

We hope you enjoyed this collective work and that it inspired you. "We hope it contributes to this kind creation of a stronger and more united collective consciousness, serving as an effective educational tool to transmit essential values to future generations for living in harmony with oneself, others, and nature."
Thank you for your attention, and we wish you an enjoyable reading.


Saliha Ragad, also known as Khalice Jade

Algiers, December 25 2023

# About the Editor

Saliha Ragad
**also known as**
Khalice Jade

# Biographie

Saliha Ragad, née en Algérie et élevée en France, a été orientée vers des études administratives malgré son intérêt initial pour les études littéraires ou artistiques, en raison des restrictions pour les Français d'outre-mer à l'époque. Sous le pseudonyme de Khalice Jade, elle est une artiste polyvalente : peintre, auteure, traductrice, préfacière et chroniqueuse littéraire. Elle a à son actif 30 ouvrages personnels : romans, recueils poétiques, essais, contes (dont un adapté au théâtre en Algérie). Elle a notamment créé dix anthologies pour des causes humanitaires et a participé à plusieurs projets internationaux en faveur de la paix et des droits des enfants et des migrants. Son engagement précoce pour la tolérance et la paix lui a valu une reconnaissance précoce (à l'âge de seulement 11 ans) saluée dans le quotidien La Voix du Nord. Elle sera notamment publiée sous le titre de "La petite indigène qui maîtrise la langue de Molière mieux qu'une Française de souche".

# Biography

Saliha Ragad, born in Algeria and raised in France, was directed towards administrative studies despite her initial interest in literary or artistic studies, due to restrictions for French overseas citizens at the time. Under the pseudonym Khalice Jade, she is a versatile artist: painter, author, translator, preface writer, and literary columnist. She has to her credit 30 personal works: novels, poetic collections, essays, tales (one of which adapted for the theater in Algeria). She notably created ten anthologies for humanitarian causes and participated in several international projects in support of peace and the rights of children and migrants. Her early commitment to tolerance and peace earned her early recognition (at the age of only 11) acclaimed in the newspaper La Voix du Nord. She will notably be published under the title of "The little native who masters the language of Molière better than a native French woman."

# About the Artist

# Michèle Déjean
also known as
# Lisette Déjean

Michèle Déjean, also known as Lisette Dejean on Facebook, was born on July 17, 1946, in Ariège France, a territory known for courage, hard work, and resilience. Retired from teaching, she is passionate about children and cats. She is recognized as a great painter and talented poet, continuing her artistic pursuits to this day.

Michèle Déjean, également connue sous le nom de Lisette Dejean sur Facebook, est née le 17 juillet 1946 en Ariège France , un territoire synonyme de courage, de travail et de résistance. Retraitée de l'enseignement, elle est passionnée par les enfants et les chats. Elle est reconnue comme une grande artiste peintre et une talentueuse poétesse, et ce jusqu'à ce jour.

# Inner Child Press

Inner Child Press is a publishing company founded and operated by writers. Our personal publishing experiences provide us an intimate understanding of the sometimes-daunting challenges writers, new and seasoned may face in the business of publishing and marketing their creative "Written Work".

For more information:

# Inner Child Press

www.innerchildpress.com

intouch@innerchildpress.com

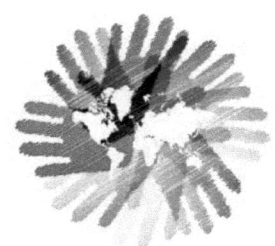

Inner Child Press International

'building bridges of cultural understanding'

202 Wiltree Court, State College, Pennsylvania 16801

www.ingramcontent.com/pod-product-compliance
Lightning Source LLC
Chambersburg PA
CBHW060447170426
43199CB00011B/1119